Verhandlungen, Mitteilungen

und

Berichte

des

Centralverbandes Deutscher Industrieller.

№ 103.

Herausgegeben

vom

Geschäftsführer H. A. Bueck, Berlin W., Karlsbad 4a.

Telephon: Nr. 2527, Amt VI.

Juli 1906.

Berlin 1906.

J. Guttentag, Verlagsbuchhandlung,

G. m. b. H.

I.

Versammlung des Ausschusses und der Delegierten

des

Centralverbandes Deutscher Industrieller

zu Nürnberg am 20. Juni 1906.

II.

Rundschreiben und Eingaben

des

Centralverbandes Deutscher Industrieller

aus dem Jahre 1906.

Inhaltsverzeichnis.

Sitzung des Ausschusses

des

Centralverbandes Deutscher Industrieller,

abgehalten am

20. Juni 1906, vormittags 10¼ Uhr, in Nürnberg, Hauptrestaurant der Landesausstellung.

Der Vorsitzende, Herr Hüttenbesitzer R. Vopelius-Sulzbach, Mitglied des Herrenhauses, eröffnet die Sitzung mit begrüßenden Worten an die Erschienenen. Er glaube, alle freuten sich, diese Ausschußsitzung in dem reizvollen Nürnberg abhalten zu dürfen, und gewiß werde allen diese Tagung unvergeßlich bleiben.

Der Vorsitzende erteilte dann zunächst dem Geschäftsführer das Wort zur Mitteilung über das Ergebnis der Rechnungsrevision. Die Mitglieder der Rechnungsrevisionskommission, die Herren:

Baurat Max Krause-Berlin,
Direktor van den Wyngaert-Berlin und
Generaldirektor Werminghoff-Berlin

haben die Rechnung geprüft und am 24. April 1906 den folgenden Revisionsbescheid abgegeben:

„Die Rechnung des Centralverbandes und des Preßfonds haben wir geprüft und richtig befunden, und erteilen wir gemäß § 14 der Satzungen die Entlastung für das Jahr 1905."

Der Ausschuß nimmt hiervon Kenntnis.

Der Ausschuß wählt die bisherigen Mitglieder der Rechnungsrevisionskommission auch für das Jahr 1906 als solche wieder.

Auf Vorschlag des Direktoriums werden die Herren:

Geheimer Bergrat Junghann-Berlin,
der infolge seines Rücktritts von der Leitung der Vereinigten Königs- und Laurahütte A.-G. aus dem

Direktorium des Centralverbandes ausgetreten ist, sowie die Herren:

Kommerzienrat Hallbauer=Lauchhammer,
Kommerzienrat Gabriel Sedlmayr=München und
Direktor Siemsen=Dortmund

in den Ausschuß zugewählt.

Der Vorsitzende hebt hervor, daß es leider seinerzeit nicht möglich gewesen sei, die 25 jährige Wiederkehr des Tages der Gründung des Centralverbandes zu feiern. Das Direktorium sei deshalb der Meinung gewesen, daß sich an das 30 jährige Bestehen des Centralverbandes, das in dieses Jahr fällt, eine Feier anknüpfen solle, und zwar, indem der Centralverband diejenigen Herren zu Ehrenmitgliedern ernenne, welche seinerzeit den Centralverband gegründet haben und noch zurzeit Mitglieder des Centralverbandes seien. Es seien dies die nachfolgenden Herren:

Geheimer Kommerzienrat Dietel=Coßmannsdorf,
Ingenieur Massenez=Wiesbaden,
Handelskammerpräsident Mochlau=Düsseldorf,
Dr. Rentzsch=Blasewitz bei Dresden,
Geheimer Kommerzienrat Servaes=Düsseldorf,
Generalsekretär Stumpf=Osnabrück,
Direktor van den Wyngaert=Berlin.

Der Vorsitzende beantragt, namens des Direktoriums, daß der Ausschuß beschließen möge, diese sieben Herren der Delegiertenversammlung für die Ernennung zu Ehrenmitgliedern vorzuschlagen. Der Ausschuß stimmt diesem Antrage einmütig bei.

Versammlung der Delegierten

des

Centralverbandes Deutscher Industrieller,

abgehalten am

20. Juni 1906, vormittags 11 Uhr, in Nürnberg, Hauptrestaurant der Landesausstellung.

Vorsitzender, Hüttenbesitzer **R. Vopelius**-Sulzbach, Mitglied des Herrenhauses: Meine Herren, ich eröffne die Delegiertenversammlung! Gestatten Sie mir, Ihnen zuerst vorzuschlagen, daß wir, bevor wir in die geschäftlichen Verhandlungen eintreten, einen Huldigungsgruß an Seine Majestät den Kaiser und an Seine Königliche Hoheit den Prinzregenten von Bayern richten. (Beifall.) — Ich darf bitten, den Wortlaut der Telegramme vorzulesen.

Regierungsrat Dr. **Leidig**-Berlin:

Seiner Majestät dem Kaiser,

Berlin.

Euere Kaiserliche Majestät bittet der Centralverband Deutscher Industrieller seine ehrfurchtsvolle Huldigung Allergnädigst entgegennehmen zu wollen. Vereinigt zur Feier unseres 30jährigen Bestehens, lenken sich zuerst unser aller Gedanken zu Euer Majestät, dem erhabenen Schutzherrn deutscher Arbeit und deutschen Gewerbfleißes. In der schweren wirtschaftlichen Krisis der siebziger Jahre entstand der Centralverband Deutscher Industrieller; der Schutz nationaler Arbeit und damit die Sicherung dauernder Arbeitsgelegenheit in unserem Vaterlande war von jeher unser Ziel. In unauslöschlicher Dankbarkeit gedenken wir heute wie immer Kaiser Wilhelms des Großen, dessen weitschauende Weisheit unseren Vorschlägen im Zolltarif von 1879 gesetzliche Kraft verlieh und damit die Grundlage schuf für die gewaltige Entfaltung, welche die deutsche Industrie seither genommen hat. Unter Euer Majestät machtvollem Schutze, in Euer Majestät fördernder Fürsorge dürfen wir Werke des Friedens und der Kultur gestalten, den Wohlstand und die wirtschaftliche Macht unseres Vaterlandes mehren. Dessen danken wir Euer Majestät. Möge auf Euer Majestät rastloser Mühe um Ihres Volkes Wohl Gottes Segen ruhen!

Euer Majestät

treu gehorsamster Centralverband Deutscher Industrieller

R. Vopelius, H. A. Bueck.

Mitglied des Herrenhauses.

(Beifall.)

Seiner Königlichen Hoheit Prinz Luitpold,

des Königreichs Bayern Verweser,

München.

Eure Königliche Hoheit bittet der Centralverband Deutscher Industrieller, dessen Delegierte in Nürnberg zur Feier seines 30jährigen Bestehens zusammengetreten sind, unsere ehrfurchtsvolle Huldigung Allergnädigst entgegennehmen zu wollen. Im Schirm der landesväterlichen Fürsorge Euer Königlichen Hoheit hat sich die Bayerische Industrie über mancherlei Schwierigkeiten hinweg in reicher Mannigfaltigkeit entfalten können, die glänzende Landesausstellung ist dessen ein stolzer Zeuge. In ehrerbietiger Dankbarkeit preisen die Bayerischen Industriellen Euer Königlichen Hoheit weises Walten, mit ihnen wissen sich die deutschen Industriellen insgesamt einig in der tiefen Verehrung gegen Euer Königlichen Hoheit erhabene Person.

Euer Königlichen Hoheit

ehrfurchtsvoller

Centralverband Deutscher Industrieller

R. Vopelius, H. A. Bueck.

Mitglied des Preußischen Herrenhauses.

(Beifall.)

Vorsitzender: Meine Herren, ich bitte Sie, diese Telegramme zu bestätigen, indem Sie einstimmen in den Ruf: Seine Majestät, Wilhelm II., Deutscher Kaiser, König von Preußen, Burggraf zu

Nürnberg, Seine Königliche Hoheit Prinz Luitpold, des Königreiches Bayern Verweser, sie leben hoch! — hoch! — hoch!

(Die Anwesenden, die sich erhoben haben, stimmen begeistert in das dreimalige Hoch ein.)

Meine Herren, Sie erinnern sich alle an die erschütternde Nachricht, welche seinerzeit durch die Zeitungen ging, daß unser allverehrter Reichskanzler in Berlin mitten im Gefecht krank geworden war. Ich darf wohl bitten, auch diesem Herrn, den wir so unendlich hoch verehren, und dem wir so außerordentlichen Dank schuldig sind, ein Telegramm widmen zu dürfen.

Regierungsrat Dr. **Leidig**-Berlin:

Seiner Durchlaucht dem Reichskanzler Fürst von Bülow,

Norderney.

Eure Durchlaucht bitten die Delegierten des Centralverbandes Deutscher Industrieller, die zur Feier des 30jährigen Bestehens des Centralverbandes hier in Nürnberg, der altberühmten Stätte deutschen Gewerbfleißes, versammelt sind, unseren ehrerbietigsten Gruß geneigtest entgegennehmen zu wollen. Möge Eure Durchlaucht in der schweren Arbeit, die auf Ihnen für unser deutsches Vaterland ruht, der vollen Sympathie der weiten Kreise der deutschen Industrie, die ihre Vertretung im Centralverband finden, versichert sein. Dieser sympathischen Verehrung auch heute wieder Ausdruck geben zu dürfen, ist uns Freude und Stolz.

Ehrerbietigst

Centralverband Deutscher Industrieller

R. Vopelius, H. A. Bueck.

Mitglied des Herrenhauses.

(Beifall.)

Vorsitzender: Meine Herren, ich darf wohl annehmen, daß auch dieses Telegramm Ihre Zustimmung findet.

Meine Herren, zu unserem lebhaften Bedauern sind die beiden Herren Staatsminister Frhr. von Podewils und Herr von Frauendorfer, die wir uns beehrt hatten, zum heutigen Tage einzuladen, durch Krankheit verhindert, dieser Tagung beizuwohnen. Auch hier gestatten Sie wohl, daß ich Telegramme an die beiden Herren Minister vorlege, die ich Ihrer Genehmigung unterbreite.

Regierungsrat Dr. **Leidig**-Berlin:

Herrn Staatsminister Freiherrn von Podewils
Exzellenz,
München.

Die Delegiertenversammlung des Centralverbandes Deutscher Industrieller, die zur Feier seines 30jährigen Bestehens zusammengetreten ist, bittet Eure Exzellenz, ihren ehrerbietigsten Gruß und herzliche Wünsche für baldige volle Genesung entgegennehmen zu wollen.

Ehrerbietigst
Centralverband Deutscher Industrieller
R. Vopelius, H. A. Bueck.
Mitglied des Preußischen Herrenhauses.

(Beifall.)

Herrn Staatsminister von Frauendorfer
Exzellenz,
München.

Eure Exzellenz bittet der Centralverband Deutscher Industrieller, dessen Delegierte zur Feier seines 30jährigen Bestehens zusammengetreten sind, seinen ehrerbietigsten Gruß und aufrichtige Wünsche geneigtest entgegennehmen zu wollen, daß Euer Exzellenz bald wieder in voller Kraft die Leitung der Ihnen anvertrauten, für die Industrie so wichtigen Verwaltung übernehmen dürfen.

Ehrerbietigst
Centralverband Deutscher Industrieller
R. Vopelius, H. A. Bueck.
Mitglied des Preußischen Herrenhauses.

(Beifall.)

Vorsitzender: Ich setze Ihre Zustimmung zu diesen beiden Telegrammen voraus.

Auf diese Telegramme sind dem Centralverbande nachfolgende Antworten zugegangen:

Von Sr. Majestät dem Kaiser:

Kiel, Dampfer Hamburg.

Centralverband Deutscher Industrieller,
z. H. des Mitgliedes des Herrenhauses Herrn Vopelius
Nürnberg.

Dem zur Feier seines 30jährigen Bestehens in der altehrwürdigen Stadt Nürnberg versammelten Centralverband

Deutscher Industrieller danke ich für den mir übersandten Huldigungsgruß und wünsche weitere durch den Frieden gewährleistete gedeihliche Entwickelung.

gez. Wilhelm. I. R.

Von Sr. Königlichen Hoheit, Prinz Luitpold, des Königreichs Bayern Verweser:

Centralverband Deutscher Industrieller,
z. H. des Herrn R. Vopelius, Mitglied des Preußischen Herrenhauses
Sulzbach (Saar).

München, 21. 6.

Seine Königliche Hoheit der Prinzregent haben die herzliche Kundgebung, welche die in Nürnberg versammelten Delegierten des Centralverbandes Deutscher Industrieller an Allerhöchstdieselben richteten, mit lebhafter Freude entgegengenommen und entbieten hierfür ihren wärmsten Dank.

Im Allerhöchsten Auftrage:
gez. Freiherr von Wiedemann,
Generaladjutant.

Von Sr. Durchlaucht dem Herrn Reichskanzler, Fürst von Bülow:

Herrn Major Vopelius, Mitglied des Herrenhauses
Sulzbach (Saar).

Norderney, 21. 6. 1906.

Lebhaft erfreut durch die freundliche Begrüßung aus Nürnberg bitte ich Sie, dem Centralverband Deutscher Industrieller meinen herzlichen Dank für die zum Ausdruck gebrachten Gesinnungen zu übermitteln. Das mir entgegengebrachte Vertrauen, welches ich aufrichtig erwidere, ist mir eine Ermutigung bei meinem Bestreben, alle Zweige der nationalen Arbeit gleichmäßig zu pflegen und zu fördern.

gez. Bülow.

Von Sr. Exzellenz dem Herrn Staatsminister Freiherrn von Podewils:

Für die mir nach meinem Landaufenthalt nachgesandte freundliche telegraphische Begrüßung und die meiner Gesundheit gewidmeten guten Wünsche spreche ich dem Centralverband Deutscher Industrieller verbindlichsten Dank aus und beglückwünsche den Verband zugleich herzlich zum Jubiläum.

Staatsminister Freiherr von Podewils.

Von Sr. Exzellenz dem Herrn Staatsminister von Frauendorfer:

Für die liebenswürdige Begrüßung bitte ich meinen verbindlichsten Dank entgegennehmen zu wollen. Ich darf den herzlichen Wunsch beifügen, daß der Verband wie seither zum Nutzen und Segen unserer vaterländischen Industrie wirken möge.

Staatsminister Frauendorfer.

Vorsitzender: Meine Herren, wir haben die Freude und Ehre, eine Reihe von Ehrengästen unter uns begrüßen zu dürfen. Vor allen Dingen begrüße ich den Herrn Vertreter des Königlichen Staatsministeriums des Aeußern, Herrn Ministerialrat von Rauck. So bedauerlich es ist (sich zu dem Herrn Ministerialrat wendend), daß Ihr hoher Chef nicht erscheinen konnte, um so dankbarer sind wir, Herr Ministerialrat, daß Sie uns die Ehre gegeben haben, zu erscheinen.

Ferner begrüßen wir Herrn Regierungsrat Gießel als Vertreter des Herrn Regierungspräsidenten von Mittelfranken, Herrn Ritter von Schuh als Ersten Bürgermeister der schönen Stadt Nürnberg, Herrn Dr. Bräutigam als Vorstand der Gemeindeverwaltung der Stadt Nürnberg, Herrn Oberbaurat von Cramer als Erbauer dieser herrlichen Ausstellung, Herrn Kullmann als Vorsitzenden des Bezirksverbandes Deutscher Ingenieure, Herrn Hering, den unermüdlichen Vorsitzenden des Ortsausschusses, und Herrn Geheimrat Goldberger als Vertreter der Centralstelle zur Vorbereitung von Handelsverträgen.

Ich begrüße die Herren von ganzem Herzen und hoffe, daß sie den Beratungen, welche heute hier folgen werden, ihre volle Aufmerksamkeit zuwenden und von denselben vollauf befriedigt sein werden.

Endlich habe ich aber noch zu begrüßen last not least den Verein der Bayerischen Industriellen. Eigentlich bedürfte es dieser Begrüßung nicht, indem der Verein der Bayerischen Industriellen seit ungefähr 14 Tagen Mitglied des Centralverbandes Deutscher Industrieller ist. Aber, meine Herren, es ist mir eine ganz besondere Freude, diesen Gruß doch hier aussprechen zu können, und zum ersten Mal in der Delegiertenversammlung die Herren als Mitglieder des Centralverbandes zu begrüßen.

Herr Ministerialrat von Rauck bittet um das Wort.

Ministerialrat **von Rauck**-München: Meine hochverehrten Herren! Zunächst möchte ich dem Herren Vorsitzenden danken und Ihnen allen für die gütige Teilnahme, welche Sie an dem Befinden meines Herrn Chefs genommen und gezeigt haben, dann für die liebenswürdige Begrüßung.

Namens der Königlichen Staatsregierung habe ich die Ehre, unter nochmaligem verbindlichsten Dank für Ihre gütige Einladung Ihnen den herzlichsten Willkommensgruß zu entbieten. Wir freuen uns, daß Sie nach unserem schönen Nürnberg mit seiner bedeutenden Industrie und seiner Jubiläums-Landesausstellung gekommen sind, um sich zu überzeugen, daß wir beim Ruhmeslauf der deutschen Industrie mit in der Front geblieben sind und daß auch wir unser redlich Teil an der großartigen Entwickelung der deutschen Industrie in Anspruch nehmen können. (Beifall.)

Wenn wir auf die verhältnismäßig kurze Zeit zurückschauen, in welcher die deutsche Industrie aus bescheidenen Anfängen die derzeitige stolze, achtunggebietende Höhe errungen, so mag uns wohlberechtigter Stolz und Bewunderung erfüllen über die staunenswerten Leistungen, welche Wissenschaft, Technik und kühner Unternehmungsgeist in gemeinsamer rastloser Arbeit vollbrachten. Ohne Ueberhebung dürfen wir wohl sagen, daß keine Nation der Erde in gleicher Zeit gleich Großes geleistet hat, und wir dürfen die berechtigte Erwartung hegen, auch künftighin hier die erste Stelle einzunehmen und zu behaupten. Wo ein solches Uebermaß von Vollkraft vorhanden ist, welches auch die schwierigsten Hemmnisse siegreich überwindet, da brauchen wir keinen Nebenbuhler zu scheuen und dürfen getrost und beruhigt in die Zukunft unseres Landes und Volkes blicken.

Wenn wir aber auch das Glück hatten, eine glänzende Reihe hervorragender, tatenlustiger und weitschauender Männer zu besitzen, welche dieses stolze, gewaltige Werk mit errichten halfen, so würden doch diese wunderbaren Erfolge kaum erreichbar gewesen sein, wenn nicht eine zielbewußte einheitliche Leitung alle diese Bestrebungen geführt hätte. Und da trat, wie aus der hochinteressanten Denkschrift Ihres Herrn Generalsekretärs zu entnehmen ist, der Centralverband mit seltener, bewundernswerter Energie und Umsicht ein, um der deutschen Industrie die Bahn zu ebnen, auf der sie ihren glänzenden Siegeslauf betätigen konnte.

Bei Ihrer jetzigen festlichen Tagung können Sie deshalb, meine hochverehrten Herren, mit Befriedigung und stolzer Genugtuung auf Ihr erfolggekröntes Wirken in einer Reihe von Jahren zurückblicken und im Bewußtsein Ihrer Stärke und Kraft sich gestählt und bereit fühlen, der Industrie auch weiterhin ein besonnener und Erfolg verbürgender Ratgeber und Führer zu bleiben.

Meine Herren, lassen Sie mich mit dem Wunsche schließen, daß stets die richtigen Männer mit dem richtigen Verständnis für die Forderungen unserer Zeit an Ihrer Spitze stehen mögen, zum Besten, zum Wohle der deutschen Industrie und damit unseres geliebten, großen Vaterlandes. (Lebhafter, anhaltender Beifall.)

Vorsitzender: Wie der verehrte Herr Ministerialrat eben schon hervorgehoben hat, liegt von unserem unermüdlichen Geschäftsführer Herrn Generalsekretär Bueck eine Uebersicht vor über die Tätigkeit des Centralverbandes während der letzten 30 Jahre. Wer sie noch nicht gelesen hat, dem empfehle ich sie zur aufmerksamen Lektüre in einer stillen Stunde. Sie werden daraus erkennen, daß der Centralverband Deutscher Industrieller entstanden ist aus der Not der Industrie, hervorgerufen durch den unseligen Freihandel, welcher besonders durch die norddeutschen Regierungen bevorzugt wurde. Meine Herren, dieser Not der Industrie hat außerordentlich beredten Ausdruck gegeben der Reichstagsabgeordnete Wilhelm von Kardorff durch seine Broschüre „Gegen den Strom", worin er Umkehr der deutschen Wirtschaftspolitik verlangte, Abkehr vom Freihandel, Zukehr zur Schutzzollpolitik. Auf Grund dieser Aufforderung „Gegen den Strom" und auf Grund persönlicher Bekanntschaften hat Herr von Kardorff eine Reihe von Industriellen zusammenberufen, und es wurde am 15. Februar 1876 der Centralverband unter seiner Leitung begründet.

Meine Herren, heute findet nun die erste Sitzung der Delegiertenversammlung statt, nachdem 30 Jahre seit der Begründung vergangen sind, und Ihr Ausschuß schlägt Ihnen vor, der Männer zu gedenken, welche damals den Centralverband mit gründen halfen und heute noch dem Centralverbande mit Treue zugetan sind. Es sind dies die Herren Geheimer Kommerzienrat Dietel-Coßmannsdorf, Handelskammerpräsident Möhlau-Düsseldorf, Dr. Rentzsch-Dresden, Geheimer Kommerzienrat Servaes-Düsseldorf, Direktor van den Wyngaert-Berlin, Generalsekretär Stumpf-Osnabrück und Ingenieur Massenez-Wiesbaden.

Meine Herren, Ihr Ausschuß schlägt Ihnen vor — und damit trete ich in Punkt II der Tagesordnung ein und darf vielleicht bitten, daß ich die Tagesordnung einen Moment einmal umstellen und diesen Punkt vorweg nehmen darf — diese Herren zu Ehrenmitgliedern zu ernennen. (Beifall.)

Ich frage, ob ein Widerspruch dagegen erfolgt? — Das ist nicht der Fall. Dieselben sind zu Ehrenmitgliedern ernannt, und, sofern sie hier sind, begrüße ich dieselben von Herzen!

Ich gebe nun das Wort Herrn Geheimen Hofrat von Schuh.

Erster Bürgermeister der Stadt Nürnberg Geheimer Hofrat Dr. Ritter **von Schuh:** Meine Herren, ich heiße Sie im Namen der Stadt Nürnberg und ihrer Verwaltung von Herzen willkommen und gebe der Freude Ausdruck, daß Sie Ihre Versammlung dahier abhalten.

Ich brauche Ihnen nicht, meine hochverehrten Herren, erst zu versichern, daß die Stadt Nürnberg, deren Bedeutung als Zentrum moderner Industrie nicht geringer ist wie als jahrhundertlanges Emporium des Handels und Gewerbes, Ihren auf die Wahrung und Förderung der Gesamtinteressen der deutschen Industrie gerichteten Bestrebungen sympathisch gegenübersteht. Wenn diese Bestrebungen gar manches Mal auf heftige Gegnerschaft gestoßen sind, so darf nicht übersehen werden, daß dieselben, wie bereits erwähnt wurde, aus der Not heraus geboren wurden und seitdem zu großen Erfolgen geführt haben, daß sie ein Gegengewicht gegen jede extreme Wirtschaftspolitik bilden sollen, und daß sie durch anerkennenswertes Entgegenkommen anderen Erwerbskreisen, namentlich der Landwirtschaft gegenüber die Gegensätze in unserem Wirtschaftsleben häufig genug ausgleichen halfen.

Ich wünsche, daß der Centralverband Deutscher Industrieller auch fernerhin in dem bisherigen versöhnlichen Geiste wirken möge, daß auch Ihre heutigen Verhandlungen in diesem Geiste gepflogen werden, und daß sie zu einem allseitigen befriedigenden Erfolge führen möchten. (Beifall.)

Mögen Sie aber auch, meine verehrten Herren, auf unserer Bayerischen Landesausstellung der Anregungen manche finden, und mögen Sie nach der ernsten Arbeit in unserer Stadt, deren altehrwürdiger Charakter das Herz jedes deutschen Mannes zu erfreuen vermag, frohe und behagliche Stunden verleben, damit Sie, wenn Sie wieder von uns scheiden, uns ein frohes Andenken bewahren.

Ein herzliches Glückauf! der Delegiertenversammlung des Central-Verbandes Deutscher Industrieller! (Lebhafter Beifall.)

Vorsitzender: Wir treten in die Tagesordnung ein.

Neuwahl des Direktoriums.

Meine Herren, das Direktorium besteht zur Zeit aus meiner Wenigkeit, den Herren Geheimer Kommerzienrat Kirdorf, Geheimer Regierungsrat Koenig, Geheimer Finanzrat Dr.-Ing. Jencke, Baurat Dr.-Ing. von Rieppel, Geheimer Kommerzienrat Vorster, Kommerzienrat Semlinger, Geheimer Kommerzienrat Schlumberger, Landrat Roetger, Geheimer Kommerzienrat Vogel, Geheimer Bergrat Hilger und Kommerzienrat Dr.-Ing. Stahl.

Meine Herren, ich bitte um Vorschläge zur Wahl. (Lebhafte Rufe: Wiederwahl!) Meine Herren, es wird Wiederwahl vorgeschlagen. Nach unseren Satzungen werden die Wahlen in der Regel mittels Stimmzettels vollzogen; eine andere Abstimmungsart ist jedoch zulässig, wenn sich von keiner Seite Widerspruch erhebt.

Die Stimmzettelwahl ist nicht vorgeschlagen, sondern aus dem Zuruf Wiederwahl darf ich annehmen, daß Sie eine Wahl durch Zuruf wünschen. Eine solche Wahl ist nur zulässig, wenn von keiner Seite ein Widerspruch erfolgt. Ich frage, ob eine Wahl durch Zuruf Ihre Bestätigung findet? — Das ist der Fall.

Meine Herren, es sind die eben genannten Herren vorgeschlagen. Ich frage, ob sich dagegen ein Widerspruch erhebt? — Auch das ist nicht der Fall. Die 12 Herren sind bis zum Ende des Jahres 1908 wiedergewählt, und ich frage die Herren, die hier sind, ob sie die Wiederwahl annehmen wollen — Herr Geheimrat Koenig, Herr Geheimrat Schlumberger, Herr Baurat von Rieppel, Herr Geheimrat Vogel, Herr Kommerzienrat Semlinger? — Die Herren nehmen die Wahl an. Auch ich nehme die Wahl mit bestem Danke an. Ich werde die übrigen Herren von ihrer Wahl benachrichtigen. Wir kommen nunmehr zum

Bericht des Geschäftsführers.

Ich gebe Herrn Bueck das Wort.

Generalsekretär **Bueck**-Berlin: Meine Herren, es ist Gebrauch im Centralverbande, daß sich der Geschäftsbericht auf die seit der letzten Delegiertenversammlung verflossene Periode bezieht. Die letzte Delegiertenversammlung hat am 5. Mai vorigen Jahres stattgefunden. Meinem Bericht lag zu Grunde der neue Zolltarif, die neuen Handelsverträge, die in Preußen nach langem Kampf zum Gesetz gewordene Kanalvorlage, die, wie ich annehme, hier auch in Bayern großes Interesse erregt hat, da hier sich ganz besonders, gepflegt von hoher Stelle, ein großes Verständnis für die Vermehrung und Verbesserung unserer Verkehrswege durch Wasserstraßen gezeigt hat. Dann hatte ich zu berichten über den großen Bergarbeiterstreik im Frühjahr vorigen Jahres und über das Eingreifen der Regierung in diesen Streik, welches der Centralverband auf das entschiedenste bekämpft hat.

Ich kann hier gleich berichten, daß alle die Folgen dieses staatlichen Eingriffes eingetreten sind, die der Centralverband vorausgesagt hat. Befriedigung ist dadurch in den Kreisen der Bergarbeiter nicht hervorgerufen worden, im Gegenteil, die Beunruhigung ist größer denn je, und Bebel hat am 14. Dezember vorigen Jahres mit Recht ausgerufen: „Sie“ — diese Berggesetznovelle — „hat den größten Unwillen der großen Masse der Bergarbeiter erregt“.

Obgleich der Centralverband sich niemals gegen Arbeiterausschüsse an sich erklärt hat, sondern es seinen Mitgliedern stets überlassen hat, Arbeiterausschüsse auf ihren Werken zu bilden, wenn sie es für zweckmäßig gehalten haben, so hat er doch stets gegen die obligatorische Einführung der Arbeiterausschüsse Widerspruch erhoben und so auch bei Gelegenheit des Erlasses der Berggesetz-Novelle.

Meine Herren, es hat sich gezeigt, daß auch diese Maßregel eine verfehlte gewesen ist. Die Sozialdemokratie gebot den Bergarbeitern, sich von der Wahl zu den Ausschüssen fern zu halten; infolgedessen haben sich nur 11 pCt. der Arbeiter im Ruhrrevier an dieser Wahl beteiligt. In eigentümlicher Weise sind diese obligatorischen Arbeiterausschüsse charakterisiert worden bei dem Streik der Braunkohlenarbeiter in Mitteldeutschland, woselbst die streikenden Arbeiter es ablehnten, die Arbeiterausschüsse als Organe zur Verhandlung mit den Arbeitgebern anzuerkennen.

Meine Herren, seit jener Delegiertenversammlung haben zwei Ausschußsitzungen und sieben Sitzungen des Direktoriums stattgefunden. Ich kann wohl sagen, daß es keine Frage und kein Ereignis gegeben hat, soweit sie überhaupt Beziehungen zur Industrie hatten, die in diesen Sitzungen nicht behandelt worden sind. Ich bitte Sie aber, meine Herren — auch den langjährigen Gepflogenheiten entsprechend —, mir zu gestatten, die Berichterstattung über die Einzelheiten zu verbinden mit der Berichterstattung über die heutige Versammlung, die in den nächsten Heften der „Mitteilungen“ erfolgen wird.

Nur zwei Punkte möchte ich mir erlauben hervorzuheben. In der Berichtsperiode hat wieder der Umfang des Centralverbandes sich sehr wesentlich erweitert. Neben einer großen Zahl von Einzelfirmen, die dem Centralverbande beigetreten sind, haben sich ihm 14 korporative Verbände neu angeschlossen, darunter, wie der Herr Vorsitzende bereits erwähnt hat, zu unserer großen Freude der Bayerische Industriellen-Verband. Meine Herren, wenn überhaupt, so können es nur ganz kleine unbedeutende Industrieen sein, die heute noch nicht im Centralverbande vertreten sind, und wenn heute noch darauf hingewiesen wird von einzelnen, daß der Centralverband in der Hauptsache nur die Industrieen der Roh- und Halbfabrikate vertritt, und daß die Industrieen der Fertigfabrikate von ihm nicht vertreten werden, so geschieht diese Behauptung gegen besseres Wissen und in der böswilligen Absicht, Zwietracht in die Industrie hineinzutragen.

Meine Herren, Sie haben gehört, daß nur noch wenige von denen übrig sind, die den Centralverband gegründet haben und heute noch Mitglieder sind. Es sind, glaube ich, nur 7. Es sind also nur wenige, die die große Zeit der Bewegung in den 70er Jahren mitgemacht haben, wo durch die energische Tätigkeit des Centralverbandes die Umkehr von der unbedingten Freihandelspolitik zu einem maßvollen System von Schutzzöllen herbeigeführt wurde, und damit die Grundlage gelegt wurde für die gewaltige Entwickelung der deutschen Industrie, die jeden Vaterlandsfreund mit Stolz und Freude erfüllt.

Dieser Sieg wurde erreicht durch die Einmütigkeit der Industrie und durch die Ueberzeugung von der Solidarität der Interessen.

Wer von jener Zeit bis heute die Bewegung verfolgt hat, wird mit Bedauern wahrgenommen haben, daß die Einigkeit in der Industrie nicht mehr herrschte; auch die Ueberzeugung von der unbedingten Solidarität der Interessen nicht nur in der Industrie, sondern auch zwischen Industrie und Landwirtschaft war ziemlich verloren gegangen, und so mußten wir das Schauspiel erleben, daß bei den Vorarbeiten zu dem neuen Zolltarif und für die neuen Handelsverträge die Industrie sich in Gruppen teilte, diese Gruppen sich gegenseitig befeindeten, die eine Gruppe — um Vorteile zu erzielen — die andere niedertrat, und das Ergebnis war, daß die Industrie auf der ganzen Linie geschlagen wurde.

Diese Beobachtungen haben auch andere gemacht, und so ist es gelungen, der Einigkeit in der Industrie sich wieder zu nähern durch den Abschluß einer Interessengemeinschaft, zunächst zwischen dem Centralverbande, der Centralstelle zur Vorbereitung von Handelsverträgen und dem Bunde der Industriellen. Diese Interessengemeinschaft läßt die Selbständigkeit der genannten drei Vereinigungen vollständig unberührt, aber die Vereinigungen haben sich verpflichtet, in Fragen, in denen Uebereinstimmung der Ansichten vorhanden ist, gemeinsam zu handeln, die vorgesteckten Ziele gemeinschaftlich zu verfolgen, und, meine Herren, erfreulicherweise ist in wichtigen Fragen ein solches Einverständnis schon zu stande gekommen. In der Frage des Gesetzentwurfs über die freien Hilfskassen, bei der Novelle zum Gesetz über den Unterstützungswohnsitz, bei der Frage der Regelung der Arbeitszeit in den unter staatlicher Leitung befindlichen Betrieben und in der großen Frage des mit den Vereinigten Staaten abzuschließenden Handelsprovisoriums — ich komme auf diese Frage noch zurück — in all diesen Fällen ist es gelungen, eine Uebereinstimmung herbeizuführen. Eine Uebereinstimmung konnte nicht herbeigeführt werden in Bezug auf die Ausfuhrzölle, weil der Bund der Industriellen glaubte, auf einige seiner

Der Centralverband hat überhaupt bei der Befürwortung der landwirtschaftlichen Zölle und der Zölle insgesamt immer das Gemeinwohl vorangestellt und, meine Herren, so sehr ich den Schutz unseres Getreidebaues gleichfalls in meinen zahlreichen Referaten empfohlen habe, so habe ich doch, ohne jemals auf Widerspruch in den Versammlungen zu stoßen, immer die Behauptung aufgestellt, daß die übertrieben hohen Zölle für die übrigen Lebensmittel mit dem Gemeinwohl nicht vereinbar sind.

Daß die Zölle auf diesem Gebiete überspannt sind, geht auch aus einer anderen Erscheinung hervor: aus der ganz außerordentlichen Steigerung der Güterpreise. Meine Herren, wir kommen anscheinend in eine Periode, die ähnlich ist der in den vierziger und fünfziger Jahren des vorigen Jahrhunderts. Damals wurden Güter gekauft, nicht um sie zu bewirtschaften, sondern als Spekulationsobjekt, um sie am anderen Tage mit Vorteil wieder zu verkaufen. Das kommt jetzt schon in nicht wenigen Fällen vor. Meine Herren, es scheint, daß diejenigen recht behalten sollen, die behaupteten, daß die ungeheure Ueberspannung eines Teiles der landwirtschaftlichen Zölle freilich den jetzigen Besitzern Vorteil bringen wird, daß sie aber geeignet ist, die Nachkommen und diejenigen, die in dieser glänzenden Periode neue Güter kaufen, um sie zu bewirtschaften und zu behalten, bald wieder in dieselbe Notlage zu versetzen, wie diejenige gewesen ist, die zu dieser Ueberspannung der Zölle geführt hat. Wir wollen nicht hoffen, daß es dahin kommt; aber, meine Herren, die Erscheinungen, die hier hervortreten, sind doch höchst bedenklicher Art.

Meine Herren, inwieweit die neuen Handelsverträge und der neue Zolltarif auf die Bewegung in diesem Jahre eingewirkt haben, läßt sich mit Sicherheit noch nicht feststellen. Es sind auch viele andere Momente, die mit großer Macht die Verhältnisse beeinflußt haben. Wenn wir im Januar und Februar dieses Jahres 1173 Millionen ausgeführt haben, nur 106 Millionen weniger als in den ersten drei Monaten Januar, Februar und März des vorigen Jahres, so ist das jedenfalls dem Umstande zuzuschreiben, daß am 1. März der neue Zolltarif und die neuen Handelsverträge in Wirksamkeit traten. Meine Herren, wenn wir aber die Ein- und Ausfuhr in den ersten neun Monaten dieses Jahres, Januar bis ultimo September, vergleichen, so finden wir, daß die Einfuhr in viel höherem Maße gestiegen ist als die Ausfuhr, und ich überlasse es Ihrer Beurteilung, inwieweit dazu die neuen Handelsverträge beigetragen haben. In den ersten neun Monaten des Jahres 1906 hat die Einfuhr gegen den gleichen Zeitraum des Jahres 1905 um 896 374 000 M. und gegen den

heere, sondern von der Macht der Streitkräfte zur See. Meine Herren, eine Selbsttäuschung auf diesem Gebiete wäre das schlimmste, und wenn man der Selbsttäuschung entsagt, dann wird man nicht verkennen dürfen, daß es Deutschland immer schwerer wird, seine ausschlaggebende Stellung im Rate der Völker zu wahren, weil es eben mit seinen Streitkräften zur See kaum noch an dritter Stelle steht. Heute gibt in politischen Weltfragen unverkennbar den Ausschlag England, nicht weil seine Staatsmänner die klügsten, einsichtsvollsten oder geschicktesten sind, sondern weil England mit seinen Streitkräften zur See die Welt beherrscht. Meine Herren, die Engländer sind gute Rechner. Seit Generationen haben sie mit vollen Händen alles gegeben, was verlangt worden ist für ihre Flotte, weil sie wußten, daß jeder Schilling reiche Früchte tragen würde.

Die Krämerseelen sitzen nicht in England, sie sitzen in unserm Parlament (Heiterkeit), die jeden Groschen dreimal herumdrehen, ehe sie ihn für die Flotte aufwenden (sehr gut!), aber nicht aus Sparsamkeit, sondern weil sie die Versicherung ihren Wählern gegenüber brauchen, daß sie keine, wenigstens so wenig wie möglich, neue Steuern bewilligen. (Sehr wahr!)

Bei der Besprechung unserer politischen parlamentarischen Verhältnisse muß ich auf meinen alten Refrain auch heute zurückkommen, daß wir gegenwärtig seitens unserer Mehrheitsparteien im Reichstage von Parteitaktik und Popularitätshascherei regiert werden. (Lebhafte Zustimmung.)

Meine Herren, deshalb hat der Centralverband auch bei jeder sich bietenden Gelegenheit die Regierung in vollem Maße unterstützt, wenn es galt, Forderungen durchzubringen für die Vermehrung und Kräftigung unserer Streitkräfte zur See, und diese Haltung wird der Centralverband beibehalten. (Beifall.)

Meine Herren, die Lage der Industrie ist eine befriedigende gewesen, wenngleich es an störenden Einflüssen nicht gefehlt hat. Solche Störungen waren namentlich bei unserer großen Kohlenindustrie der Streik, und nicht nur für diese Industrie allein, sondern für alle, namentlich auch für die Zuckerindustrie der große Wagenmangel im Herbst. Was der zu bedeuten hat, mögen Sie daraus ersehen, daß nur den syndizierten Zechen in Rheinland und Westfalen in den Monaten September bis Dezember 156 423 Wagen gefehlt haben. Durch den Streik ist ein Ausfall in der Versendung entstanden in Höhe von 3600000 Tonnen. Der Ausfall durch den Wagenmangel beträgt 1 1/2 Millionen Tonnen. Daher mag es auch kommen, daß unsere Kohlenförderung im Jahre 1905 gegen das vorhergehende Jahr nur um etwa ½ Million Tonnen zugenommen hat. Die Förderung an Kohlen im Deutschen Reiche hat im letzten Jahre 121 Millionen Tonnen betragen.

Meine Herren, für die anderen Industrieen ist die Lage eine günstige gewesen. Denken wir vor allen Dingen an unsere größte Industrie, die Textilindustrie. Die Weberei hat gute Zeiten gehabt. Für einzelne Zweige, wie die Wirkerei und Tuchfabrikation, ist der Export ein glänzender gewesen. In der Spinnerei sind die Ergebnisse verschieden gewesen. Da fängt man an, mit Sorge auf die große Vermehrung der Spindeln zu blicken. Im Jahre 1905 liefen in Deutschland 9 121 259 Spindeln, gegen 1901 mehr 1 210 458 und gegen 1893 mehr 3 475 482. In England freilich wird noch viel schärfer vorgegangen, dort werden in diesem Jahre 5 Millionen neue Spindeln aufgestellt. Meine Herren, diese große Vermehrung der Spindelzahl hat im Laufe der Jahre zu einer gewissen Knappheit des Rohmaterials, der Baumwolle, geführt, welche die Spekulation in ungesundester Weise begünstigt hat. Um hier entgegenzuwirken, überhaupt die Baumwollkultur auch in den anderen unter tropischen Klimaten stehenden Ländern zu fördern, hat sich eine internationale Vereinigung von Baumwoll-Spinnern und -Webern gebildet, die in der nächsten Woche ihren dritten internationalen Kongreß in Bremen eröffnen wird.

Ein noch erheblicherer Aufschwung, wie er namentlich nach der Beendigung des furchtbaren ostasiatischen Krieges erwartet wurde, ist durch andere störende Momente zurückgehalten worden. Vielleicht ist das nicht zu beklagen. Diese Ereignisse sind gewesen namentlich die revolutionäre Bewegung in Rußland, die politische Spannung infolge der Marokkofrage und die Knappheit auf dem Geldmarkt, die sich bereits gegen Ende des vorigen Jahres durch einen Diskontsatz von 6 pCt. sehr unangenehm im wirtschaftlichen Leben fühlbar machte. Aber, meine Herren, im Durchschnitt ist doch im letzten Jahre der Diskontsatz niedriger gewesen als in den Jahren vorher; denn er betrug im Jahre 1905 3,82 pCt. gegen 4,25 pCt. im Jahre 1904 und 3,84 pCt. im Jahre 1903.

Meine Herren, diese Geldknappheit ist von kompetenter Seite zurückgeführt worden auf die großen Bemühungen des Handels und der Industrie, noch zuletzt vor dem 1. März aus den damals bestehenden Handelsverträgen und den damaligen Zolltarifen Vorteile zu ziehen.

Es ist nicht in Abrede zu stellen, daß die günstige Lage der Industrie den kritischen Tag des 1. März anscheinend glücklich überwunden hat. Es ist nicht zu leugnen, daß diese günstige Lage der

Industrie in gewissem Grade auch heute noch ungestört fortdauert. Das hat manchen Seiten Veranlassung gegeben, mit der Behauptung hervorzutreten, daß die Befürchtungen, die von dem neuen Zolltarif und von den neuen Handelsverträgen gehegt wurden, übertrieben oder überhaupt nicht gerechtfertigt gewesen sind. Meine Herren, dieser Behauptung möchte ich auf das entschiedenste widersprechen. Derartige große Umwälzungen, wie sie sich am 1. März vollzogen haben, treten in ihren Folgen nicht sofort in die Erscheinung. Es gibt viele Verhältnisse, die in ihrer Uebertragung auf die neue Zeit vorläufig mildernd wirken. Wenn dazu noch eine so überaus günstige Konjunktur kommt, so kann es wohl der Industrie noch eine Zeitlang gut gehen; aber, meine Herren, es ist schon evident, daß eine Reihe unserer Industrieen durch den neuen Zolltarif und durch die neuen Handelsverträge schwere Schädigungen erleiden wird. Meine Herren, zunächst verweise ich Sie, um nur einige Beispiele anzuführen, auf unsere Kammgarnindustrie. Es ist unverständlich, wenigstens für mich nicht zu begreifen, wie die maßgebenden Kreise die gewaltigen Umwälzungen in der Zucht der Wolle, die sich in den letzten 30 Jahren vollzogen haben, die Umwälzungen in den Anforderungen der Konsumenten, von denen man heute nicht mehr sagen kann, daß sie in Bezug auf diese Industrie nur einen Wechsel der Mode bedeuten, so vollständig negieren konnten, daß Unterscheidungen auch jetzt bei dem neuen Tarif beibehalten worden sind, die den tatsächlichen Verhältnissen durchaus nicht mehr entsprechen, die diese Industrie außerordentlich schädigen, eine Industrie, die überhaupt bei der Festsetzung unserer Zolltarife und Handelsverträge stets das Stiefkind gewesen ist.

Meine Herren, von unserer Maschinenindustrie, über die in den Versammlungen schon so viel gesprochen worden ist, ist es unfraglich, daß sie einer außerordentlich schweren Zeit entgegengeht.

In unserer Baumwollindustrie sind es drei Zweige, die gleichfalls einer schlechten Zukunft entgegensehen. Das ist die Weberei, das ist die Spinnerei in den gröberen Garnen und, meine Herren, das ist die Veredelung der Garne, die mit dem rein schematischen Zuschlag von 3 Mark bedacht ist.

Meine Herren, erlauben Sie mir, auf die Gewebezölle zurückzukommen. Als der Centralverband den ersten Entwurf für den neuen Zolltarif in den siebziger Jahren ausarbeitete und der Regierung vorlegte, da wünschte er, daß von der aus dem alten Zollverein übernommenen Unterscheidung der Gewebe zwischen dichten und undichten Geweben, die im höchsten Grade unrationell ist, Abstand genommen werde. Es geschah nicht. Darauf bildete der Centralverband eine große Kommission, die ja häufig getagt hat, unter dem Vorsitz unseres unvergeßlichen, leider zu früh dahingegangenen Vorsitzenden, Herrn Reichsrat von Haßler, der bei jeder Gelegenheit betont hatte: Laßt dieses alte, unrationelle Unterscheidungssystem fallen und verzollt die Gewebe nach dem Gewicht und nach der Fadenzahl.

Bei den Caprivischen Handelsverträgen wurden diese Forderungen der Industrie wieder nicht beachtet. Erst jetzt, meine Herren, bei dem neuen Zolltarif hat man sich diesem neuen System zugewendet. Der Centralverband hat es auf das dringendste befürwortet, aber in drei Abstufungen, mit drei verschiedenen Zollsätzen. Ich glaube mich nicht zu irren, wenn ich sage, daß diese Vorschläge im Reichsschatzamt angenommen worden sind. Das Reichsamt des Innern wußte es aber besser, und so sind nicht drei, sondern nur zwei Stufen gemacht worden. Das hatte zur Folge, meine Herren, daß Gewebe, die in ihrer Herstellung sehr teuer sind, und die jeder zu den feinen Geweben rechnen wird, wie z. B. Blusenstoffe für die Damen, die feinen Einsätze für Herrenhemden — diese nur als Beispiel angeführt — in die unterste Zollstufe kommen; in diesen Geweben ist uns aber England ganz entschieden überlegen, denn der englische Fabrikant kann von diesen Artikeln 50 ja 100 Stücke arbeiten, während sich der deutsche mit fünf Stücken begnügen muß. Der Engländer kann daher billiger produzieren.

Ich habe diese ausführlichen Darlegungen gemacht, um an einigen Beispielen zu zeigen, wie die Wünsche der wirklich Sachverständigen in unfaßlicher Weise auf die Seite geschoben sind. Dadurch sind Industrieen geschädigt worden in einer Weise, die kaum noch wieder gut gemacht werden kann.

Meine Herren! Im übrigen gestatte ich mir auf die kleine Schrift, die ich den Besuchern der heutigen Versammlung gewidmet habe, hinzuweisen; da ist die Handelspolitik des Centralverbandes ziemlich eingehend dargestellt, auch das Verhältnis zur Landwirtschaft bei der Aufstellung des neuen Zolltarifs und bei dem Abschluß der neuen Handelsverträge. Ich bitte Sie, daraus das Weitere zu entnehmen.

Meine Herren! In der Berichtsperiode sind weitere Handelsverträge abgeschlossen worden zwischen dem Deutschen Reich und anderen Staaten und zwischen den anderen Staaten unter sich, durch welche einige Erleichterungen auf dem Wege der Meistbegünstigung dem Deutschen Reiche zu teil werden, die aber nicht ins Gewicht fallen.

Das bedeutendste Ereignis ist wohl das provisorische Abkommen, welches mit den Vereinigten Staaten mit Gültigkeit bis zum 1. Juli 1907 abgeschlossen ist. Ich habe mir bereits erlaubt darauf hinzuweisen, daß die Interessengemeinschaft, also auch der Centralverband, mit Entschiedenheit für den Abschluß dieses Provisoriums eingetreten ist. Meine Herren, der Centralverband hatte aber dabei nicht vergessen, wie die Interessen Deutschlands von den Vereinigten Staaten stets nichtachtend behandelt worden sind. Er hatte den großen Schaden wohl im Gedächtnis behalten, der namentlich unserer Zuckerindustrie durch die Begünstigung, welche von den Vereinigten Staaten dem Kubanischen Zucker zu teil geworden ist, bereitet wurde. Meine Herren, der Centralverband war sich vollständig bewußt, daß das jetzige Verhältnis, in dem wir den Vereinigten Staaten unseren ganzen Vertragstarif gewähren, während die Vereinigten Staaten uns nur ganz ungenügende einzelne kleine Positionen geboten haben, weder mit den Interessen der deutschen Industrie, noch mit der Würde des Deutschen Reiches vereinbar ist. (Sehr richtig!) Wenn der Centralverband dennoch für dieses Provisorium gestimmt hat, so tat er das in der Erkenntnis, daß infolge der langen Ungewißheit über die künftige Regelung der handelspolitischen Verhältnisse zu den Vereinigten Staaten unsere deutsche Industrie nicht genügend vorbereitet war, um in einen Zollkrieg mit den Vereinigten Staaten einzutreten. Aber, meine Herren, ich glaube eine Pflicht zu erfüllen, wenn ich hier von dieser Stelle die deutsche Industrie ermahne, sich auf einen Zollkrieg vorzubereiten (sehr gut), der unweigerlich eintreten wird, wenn die Vereinigten Staaten weiter fortfahren sollten, unsere Wünsche zu mißachten und das Deutsche Reich schlecht zu behandeln. (Sehr richtig!)

Meine Herren! Sie haben aus meinen Darstellungen ersehen, daß unsere handelspolitischen Verhältnisse im allgemeinen für die deutsche Industrie nicht günstig sind. Das ist ja auch von sehr hoher Stelle anerkannt worden, indem mit sehr schmeichelhaften Ausdrücken die Hoffnung ausgesprochen wurde, daß die deutsche Industrie bei ihrer Tüchtigkeit und Leistungsfähigkeit diese harte Probe überstehen wird. Es wäre vielleicht besser gewesen, die Industrie nicht vor diese harte Probe zu stellen. Da das aber nun einmal geschehen ist, so ist vielleicht zu erwarten, daß die Regierungen auf anderen Gebieten der Industrie Erleichterungen bieten und schaffen werden.

Meine Herren, ich habe die Ueberzeugung immer vertreten, daß sich die Lage der Industrie von Jahr zu Jahr schwieriger gestalten wird, namentlich die Absatzverhältnisse, und daß das einzige Hilfsmittel dagegen die Ermäßigung der Produktionskosten ist. Da gibt es zwei Faktoren, die uns zunächst in die Augen springen: die Arbeitslöhne und die Frachten. Meine Herren, wir wollen nicht hoffen, daß die deutschen Arbeitgeber gezwungen sein sollten, um sich ihren Absatz auf dem Weltmarkt zu erhalten, ihre Löhne herabzusetzen; denn ich erblicke in dem immer größeren Anteil der Arbeiter an dem Ergebnis des Zusammenwirkens von Kapital und Intelligenz und Arbeit die Lösung der sozialen Frage, und daher erachte ich eine Steigerung der Löhne, soweit sie mit der Höhe der Produktionskosten überhaupt vereinbar ist, für ungemein erwünscht.

Es bleibt der Faktor der Frachten. Da glaube ich, meine Herren, daß die Regierungen, daß namentlich unsere Preußische Staatseisenbahnverwaltung wohl in der Lage sein sollte, auf diesem Gebiete Erleichterungen zu schaffen.

Meine Herren, nach den Aeußerungen des Vertreters des Preußischen Ministeriums der öffentlichen Arbeiten, Exzellenz Kirchhoff, ist für das abgelaufene Geschäftsjahr mit Sicherheit bei der Staatseisenbahnverwaltung auf einen Betriebsüberschuß von 660 Millionen Mark zu rechnen. Das macht eine Verzinsung von 7 pCt. (Bewegung.) Meine Herren, der Staat hat seine Anleihen zu 3 und 3½ pCt. aufgenommen. Rechnen wir für Amortisation und alles zusammen 4 pCt., so dürfte der Staat damit auskommen. Dann bleiben noch 283 Millionen Mark, die zur Bestreitung allgemeiner Bedürfnisse des Staats, wie die Erträgnisse aller anderen Steuern, in die Staatskasse fließen.

Meine Herren, wenn Sie sich vergegenwärtigen die Kämpfe, die Not, die Mühen, die es im ganzen Reiche gemacht hat, 200 Millionen Mark Steuern zu erheben — eine Aufgabe, die nicht ganz gelungen ist (sehr richtig!) —, so werden Sie zu erkennen vermögen, welche Bedeutung es hat, wenn der preußische Staat vom Güterverkehr — denn es ist eine bekannte Tatsache, daß der Personenverkehr zu den Ueberschüssen der Bahn äußerst wenig beiträgt — schlankweg eine Steuer von 283 Millionen Mark erhebt (sehr richtig!), eine Steuer, die steuertechnisch auf das äußerste zu verwerfen ist; denn der Verkehr soll befruchtend auf das allgemeine Wirtschaftsleben wirken, und in dieser Befruchtung sollen die größeren Steuererträgnisse dem Staate zufließen, aber nicht durch eine Besteuerung des Verkehrs.

Aber, meine Herren, ich fürchte, daß wir, wie schon so oft, auch diesmal wieder vergeblich diesen Appell erheben; denn mit der Verstaatlichung der preußischen Eisenbahnen ist einmal eine Verquickung der allgemeinen Finanzen und der Finanzen der Staatseisenbahnverwaltung derart herbeigeführt worden, daß dauernde Ausgaben gedeckt werden aus den Erträgnissen der Staatsbetriebe, und da augenblicklich eine Aenderung herbeizuführen, wird wohl schwer möglich sein, auch wohl für die anderen kleineren Staaten, die sich nicht in so günstiger Lage befinden wie die Preußische Staatseisenbahnverwaltung, welche infolge der großen Ausdehnung nur einen Unkostenkoëffizienten von 60 pCt. hat, während dieser Koëffizient für die kleineren Eisenbahnverwaltungen der anderen Staaten bis zu 70 pCt. steigt.

Meine Herren, höchst peinlich haben in weiten Volkskreisen die Verhandlungen und Beschlüsse des Reichstages in Bezug auf die Reichsfinanzreform gewirkt. Allen finanzwissenschaftlichen Erfahrungen entsprechend hatten auch die Verbündeten Regierungen wohl die Ueberzeugung gehegt, daß größere Steuerbeträge nicht zu erheben sind, ohne die Massen in Anspruch zu nehmen; denn, sollten sie nur von den Begüterten erhoben werden, so müßte der Staat zur Konfiskation der Einkommen oder der Vermögen schreiten. Daher hatten die Verbündeten Regierungen in der Hauptsache eine höhere Besteuerung der beiden verbreitetsten Genußmittel: Tabak und Bier, vorgeschlagen. Die Mehrheitsparteien im Reichstage meinten aber den unglaublichen Einwand erheben zu sollen, daß die Massen, mit anderen Worten die Arbeiter, nicht belastet werden dürfen. Dieser Einwand wurde erhoben und gelten gelassen der Tatsache gegenüber, daß die Arbeiter selbst sich mit 50, mit 100 Mark und mit mehr für ihre sozialdemokratischen Gewerkschaften besteuern und stets noch zu freiwilligen Beiträgen bereit sind, wenn es gilt, den Kampf gegen die verhaßten Arbeitgeber aufzunehmen. Und, meine Herren, die Belastung auf Tabak und Bier, die in den Vorschlägen der Verbündeten Regierungen enthalten war, würde, wenn sie auch ganz auf den Konsumenten abgewälzt werden sollte, nur 1,77 Mark betragen haben.

Nun, meine Herren, die Mehrheitsparteien haben es besser gewußt, und es ist in hohem Maße zu beklagen, daß auch in diesem Falle das Hauptgewicht der Besteuerung auf den Verkehr gelegt worden ist.

Meine Herren, der Centralverband hat in seiner Ausschußsitzung vom 9. Dezember v. J. Stellung zu dieser Frage genommen. Er erkannte die unbedingte Notwendigkeit der Erhebung höherer Steuern, primo loco für die Vermehrung unserer Flotte, aber auch mit Rücksicht auf die durch die jetzige Finanzmisere im Reiche herbeigeführte außerordentlich erschwerte Finanzlage der kleineren deutschen Staaten. Er hat daher damals auch keinen Einspruch erhoben gegen die geringe Verkehrsbesteuerung, die die Verbündeten Regierungen vorgeschlagen hatten.

Nun, meine Herren, aus denselben Gründen hat der Centralverband nicht widersprochen, als es sich um die weiteren Beratungen und die weiteren Beschlüsse des Reichstags handelte. Er hat keinen

Protest gegen die schwere Belastung des Verkehrs erhoben. Aber, meine Herren, beklagenswert ist es, daß auch hier wieder derartige Belastungen des Verkehrs eingetreten sind.

Meine Herren, es ist hier nicht meine Aufgabe, tiefgehende politische Betrachtungen anzustellen. Ich glaube aber doch behaupten zu dürfen, daß sich die Mehrheitsparteien des Reiches als unfähig erwiesen haben, eine rationelle Finanzreform im Reiche durchzuführen, daß überhaupt die Haltung und Richtung der Mehrheitsparteien auch in anderen Fragen, in der Kolonialpolitik und in der Sozialpolitik vor allem, jeden aufrichtigen, wahren Vaterlandsfreund mit Sorge um die Zukunft des Deutschen Reiches erfüllen muß. (Zustimmung und Beifall.)

Meine Herren, an diese Betrachtungen knüpft sich vor allem die Sorge bezüglich der sozialpolitischen Verhältnisse, die die Industrie in hohem Maße berühren. Wenn ich zum Schluß mich der Betrachtung dieser Zustände zuwende, so knüpfe ich an eine Bemerkung des Staatssekretärs des Innern, Grafen von Posadowsky, an, welche er am 12. Dezember des vorigen Jahres gemacht hat, er sagte:

„Ich habe die innerste Ueberzeugung, daß es kein Land gibt, wo im allgemeinen so geordnete wirtschaftliche und politische Zustände vorhanden sind, wie in Deutschland, und daß es kein Land gibt, wo auch den untersten Volksklassen nach dem Grundsatze suum cuique so ihr wirtschaftliches und politisches Recht zu teil wird, wie in Deutschland."

Meine Herren, das ist ein hochbedeutungsvoller Ausspruch, auf den wir wohl Gelegenheit haben werden, noch manchmal bei Betrachtung sozialpolitischer Verhältnisse zurückzukommen.

Dies führt mich zunächst zur Betrachtung der Leistungen unserer Arbeiterversicherung. Ich wiederhole, meine Herren, ich muß mich heute so kurz als möglich fassen, ich will Ihnen daher nur zwei Zahlen zur Beurteilung dieser Leistungen vorführen: Im Jahre 1905 haben von der Unfallversicherung 1034783 Personen Renten und Unterstützungen bekommen, von der Invalidenversicherung 790176. Rund sind also im vorigen Jahre 2 Millionen Personen von der Unfall- und Invalidenversicherung mit Renten und Unterstützungen versehen worden. Diese Unterstützungen steigen; das beweist die jährlich zunehmende Ziffer der Unfallrenten. Entschädigungen für Unfälle wurden gezahlt 1903 = 117,3, 1904 = 126,5, 1905 = 136,2 Millionen Mark.

Meine Herren, von dem Inkrafttreten der Kranken-, der Unfall- und der Invalidenversicherung an bis zum Schluß des Jahres 1904 sind für diese aufgewendet worden $6^1/_2$ Milliarden Mark, und wenn dieses Jahr zu Ende gehen wird, werden wir die sieben Milliarden weit überschritten haben. (Hört!)

Nun, meine Herren, es ist bekannt, daß die Arbeiter zu den Krankenkassen $^2/_3$ der Beiträge, zu der Invalidenversicherung die Hälfte der Beiträge leisten. Die Kosten der Unfallversicherung werden allein von den Arbeitgebern gedeckt. Meine Herren, ich habe aber immer die Ueberzeugung ausgesprochen, der Arbeiter muß in der wirtschaftlichen Bewegung das an Lohn bekommen, was er braucht, und wenn er diese Beiträge zu der Kranken- und der Invalidenversicherung leistet, so leisten diese Beträge mit den Löhnen die Arbeitgeber, die also die ganze Last zu tragen haben. Das ist ein wirtschaftlicher Grundsatz, der meiner Ueberzeugung nach nicht angefochten werden kann. Die 339 Millionen, die der Staat zu den $6^1/_2$ Milliarden gegeben hat, verschwinden dagegen, und das, was für die unteren Volksklassen nach der Sozialpolitik unseres großen Kaisers und seines unvergeßlichen Kanzlers geschieht, wird von den Arbeitgebern allein und willig geleistet.

Meine Herren, aber alles das hat nichts verschlagen; die sozialdemokratische Bewegung nimmt an Umfang, an Stärke und Macht zu. Sie hat seit dem Parteitag in Jena einen entschieden revolutionären Charakter angenommen, der sich in erschreckender Weise dokumentiert hat durch die Sympathiekundgebungen, welche von unserer Sozialdemokratie erlassen worden sind zu den Greueltaten der russischen revolutionären Bewegung, die sich in Mord und Brand und Raub betätigt hat. Meine Herren, Bebel sagte am 7. Dezember 1905: Preußen — das doch wahrlich seine Schuldigkeit bei der Fürsorge für die unteren Klassen getan hat, ebenso wie die anderen Bundesstaaten — Preußen sei der reaktionärste, volksfeindlichste Staat. Er meinte, in Rußland sei die Reaktion gestürzt, er hoffe, daß der Tag kommen werde, wo auch in Preußen diesem Zustande ein Ende bereitet werde. „Glauben Sie denn", so rief er, „daß das, was sich dort im Osten abspielt, nicht auch die deutschen Arbeiter bis ins Innerste erregt und bewegt? Der Arbeiter wird sich fragen, ob er dieses Land im vorkommenden Falle verteidigen soll."

Nun, meine Herren, an dem denkwürdigen Sonntag, am 21. Januar, als die Sozialdemokratie nach der Aufforderung der Führer eigentlich in die Straßen steigen sollte, davon aber durch die weisen Vorsichtsmaßregeln der Regierung und der Behörden zurückgehalten wurde, da wurden in Berlin 31 Versammlungen abgehalten, in denen sich die Sozialdemokratie vollständig identisch mit den russischen

Revolutionären und Mordbuben erklärte, und ich will Ihnen von der langen Resolution nur die Schlußworte verlesen:

> „Die Versammlung betrachtet es als Pflicht des deutschen Proletariats, die Opfer dieser Kämpfe, deren Siege seine Siege sind, mit allen ihm zu Gebote stehenden Mitteln zu unterstützen."

Meine Herren, abgesehen von der Gefährlichkeit dieser Bewegung für den Staat und für die Gesellschaft wird die Industrie ganz besonders dadurch berührt, einmal durch die Verschlechterung des Arbeitsverhältnisses und zweitens durch die Störung der Arbeit, durch die unausgesetzten Streiks und Ausstände, die sich namentlich in der letzten Zeit, im letzten Jahre in außerordentlicher Weise vermehrt haben. Die Verschlechterung des Arbeitsverhältnisses ist in der Hauptsache zurückzuführen auf die bodenlose Verhetzung. Meine Herren, Deutschland ist ein geordnetes Staatswesen, und wir Deutschen sind stolz darauf, daß wir behaupten können: Wir leben in einem Rechtsstaat. Aber es ist kaum zu glauben, was in Wort und Schrift an verlogener und infamer Verhetzung von der Sozialdemokratie geleistet wird, namentlich in der Presse, und, meine Herren, von der Verbreitung dieser Presse werden vielleicht nur wenige von Ihnen eine Ahnung haben.

Meine Herren, der „Vorwärts" feierte in diesem Jahre seinen hunderttausendsten Abonnenten, die „Metallarbeiter-Zeitung" wird in 265 000 Exemplaren verbreitet, der „Grundstein", das Organ des Maurerverbandes, in 175000 Exemplaren, die „Holzarbeiter-Zeitung" in 132000 Exemplaren, der „Courier", das Organ des Handels-, Transport- und Verkehrsarbeiterverbandes in 60 000 Exemplaren u. s. f.

Meine Herren, dies zeugt von einer großen Opferwilligkeit der Arbeiter, und ich kann es nicht unterlassen, in Anknüpfung daran mit einem etwas wehmütigen Gefühl an das Organ des Centralverbandes zu denken, an die „Deutsche Industrie-Zeitung", die sich redlich bemüht, die Interessen der Industrie zu vertreten, von der ich behaupten kann, daß man mit wenig Zeitaufwand sich durch die wöchentlich erscheinenden Nummern vollständig au fait halten kann über alle wirtschaftspolitischen, handelspolitischen und sozialpolitischen Ereignisse. Meine Herren, der Centralverband zählt auch viele tausend Mitglieder, aber die Opferwilligkeit, die 20 Mark für das Organ des Centralverbandes herzugeben, hat bis jetzt nur ein kleiner Teil davon bewiesen. Das ist etwas Deprimierendes, und ich hatte geglaubt, meine Herren, dieser Stimmung hier auch Ausdruck geben zu dürfen. (Bravo!)

Meine Herren, der Zweck dieser ganzen Verhetzung der Arbeiter besteht doch nur darin, sie in die Organisation hineinzutreiben und ihnen die Groschen abzuzwacken. Das ist in hohem Maße erreicht, meine Herren. Die Organisationen haben im vorigen Jahre ein Mehr von 312000 Mitgliedern erhalten. In 63 sozialdemokratischen Gewerkschaften sind Ende vorigen Jahres 1429000 Mitglieder gewesen. Das Organ der Generalkommission der sozialdemokratischen Gewerkschaften behauptet, daß 1½ Millionen am 1. April überschritten worden sind. Mit den anderen, den Gewerkvereinen und den christlichen, die alle an einem Strange ziehen, wenn es sich um den Kampf gegen den Arbeitgeber und Unternehmer handelt, sind es etwa 1700000. Und, meine Herren, was die abgezwackten Groschen betrifft, so möchte ich Ihnen mitteilen, daß die 63 Gewerkschaften im vorigen Jahre eine Einnahme von 20 Millionen Mark gehabt haben, und daß sich ein Kassenbestand ergeben hat von 16 Millionen Mark. Erlauben Sie mir, Ihnen nur die Kassenverhältnisse einer, freilich der größten Gewerkschaft, der der Metallarbeiter, vorzuführen. Deren Budget hat im vorigen Jahre mit 5107717 Mark balanziert, und es ist ein Ueberschuß von 2177198 Mark übrig geblieben.

Sie sehen daraus, meine Herren, welche Macht in diesen Organisationen steckt, infolge der Opferwilligkeit der Arbeiter.

Diese Organisation aufrecht zu erhalten, ist nicht leicht; denn wenn etwas davon Zeugnis ablegt, daß die zielbewußte sozialdemokratische Ueberzeugung bei der Masse der Arbeiter doch nur wenig Eingang gefunden hat, daß die ganze große Bewegung nur eine Folge der Verhetzung und Agitation ist, so ist es der Umstand, daß in den Gewerkschaften ein außerordentlicher Wechsel der Mitglieder stattfindet, der zwischen 39 bis 62 pCt. beträgt. Das Arbeitersyndikat in Berlin beklagte, daß 1903 von 123151 Mitgliedern 38653 ausgetreten seien, und daß 4918 wegen Nichtzahlung der Beiträge hätten gestrichen werden müssen. Dem Metallarbeiterverband waren nur 41 pCt. der neu aufgenommenen Mitglieder treu geblieben. In der Gewerkschaft der Maler wird den neu hinzutretenden Mitgliedern erst nach einjähriger Mitgliedschaft das Mitgliederbuch auf vier Jahre ausgefertigt. Wie stark die Zahl der nach kurzer Zeit wieder ausgeschiedenen Mitglieder war, zeigen die folgenden Zahlen:

Jahr:	Neu eingetretene Mitglieder:	Vor der Zustellung des Mitgliederbuches waren wieder ausgetreten:
1900	11716	8484
1901	10724	6774
1902	12757	7623
1903	15766	9568
1904	17065	10467

Daher, meine Herren, hatte unser Organ, die „Deutsche Industrie-Zeitung" ganz recht, als sie in der Rundschau vom 22. Dezember vorigen Jahres sagte, daß die ganze Bewegung lediglich auf dem Einfluß der Führer beruhe. Diese Behauptung war aufgestellt gegen eine Aeußerung des Grafen Posadowsky, der in einer Sitzung des Reichstages gesagt hatte: Glauben Sie doch nicht, daß die sozialdemokratischen Führer eine solche hypnotisierende Kraft haben — dazu spendeten die Sozialdemokraten natürlich Beifall — es sind innere Ursachen, die die sozialdemokratische Bewegung herbeigeführt haben.

Meine Herren, diese inneren Ursachen sind nicht zu erkennen. Die Krankheit liegt in unserm politischen System, welches die politische Reife der Massen überschätzt hat. Meine Herren, die Daseinsbedingungen der unteren Volksklassen, wie sie sich seit Jahrhunderten gebildet haben, schließen eine solche politische Reife absolut aus. Der Arbeiter müßte eben aufhören Arbeiter zu sein, wenn er sich die Reife des Urteils aneignen und verschaffen sollte, die erforderlich ist, um über diejenigen Dinge zu entscheiden, die ihm infolge seines Wahlrechts zur Beurteilung unterbreitet werden. Also, meine Herren, ich behaupte, diese politische Reife, die eigentlich die Voraussetzung des allgemeinen Wahlrechts ist, ist in den Massen nicht vorhanden. Daher, meine Herren, ist es lediglich der Einfluß der Führer — das allgemeine Wahlrecht bedeutet ja den Einfluß der Führer über die Massen —, der sie fortreißt in die Bewegung hinein, und diesen Einfluß üben die Führer nicht aus, weil sie so hoch intelligente Leute sind, sondern, wie in unserer Industrie-Zeitung ganz richtig geschrieben ist, nur weil diese Leute den demagogischen Katechismus von vorne nach hinten und von hinten nach vorne hersagen können; das ist die Ursache der ganzen sozialdemokratischen Bewegung.

Meine Herren, auch der Regierung scheinen in neuerer Zeit Bedenken in Bezug auf die Richtigkeit des bisher in sozialpolitischer Beziehung verfolgten Weges aufgestiegen zu sein. In der letzten Reichstagssession sind wir mit sozialpolitischen Gesetzen verschont geblieben, selbst das Gesetz bezüglich der Rechtsfähigkeit der Berufsvereine ist nicht erschienen.

In den Sitzungen des Reichstags vom 14. und 15. Dezember des vorigen Jahres sind von seiten des Herrn Reichskanzlers sowohl wie von seiten des Herrn Grafen von Posadowsky außerordentlich starke Worte gegen die Sozialdemokratie gebraucht worden. Aber, meine Herren, diese Worte sind nur Worte, und mit Worten ist unsere Sozialdemokratie nicht zu bekämpfen. Sie ist zu bekämpfen, wenn durch Gesetze den Ausschreitungen in der Agitation, dem erbarmungslosen Terrorismus, der von verhältnismäßig nur wenigen organisierten Arbeitern über die große Masse der Nichtorganisierten, der nichtsozialdemokratischen Arbeiter geübt wird, ein Ziel gesetzt wird. (Sehr richtig!) Aber, meine Herren, solche Gesetze sind von unseren Mehrheitsparteien, trotz verschiedener Versuche der Regierung, nicht zu erreichen gewesen, und in diesem Uebelstande liegt eben die große Macht der Sozialdemokratie. (Lebhafte Zustimmung.)

Meine Herren, da durch Gesetz keine Hilfe zu erwarten ist, so hat die Industrie versucht, sich selbst Hilfe zu schaffen. Meine Herren, in Anknüpfung an den Krimmitschauer Streik, dieser großen, von den sozialdemokratischen Arbeitervereinen hervorgerufenen Kraftprobe, hat der Centralverband, in dessen Versammlungen schon mehrfach Anregungen dazu gegeben waren, es unternommen, die Industrie zu organisieren, um die Angriffe der Arbeiter abzuwehren. Meine Herren, auch da hat sich wieder Sonderbündelei, Eifersüchtelei und persönliche Abneigung bemerkbar gemacht, so daß vorläufig eine vollständige Einigung noch nicht zu erzielen war, die aber hoffentlich kommen wird. Ich kann die Versicherung abgeben, daß die Organe des Centralverbandes alles tun werden, um nicht nur auf diesem Gebiet, sondern auch auf allen anderen die Einigung in der Industrie herbeizuführen. (Lebhafter Beifall.)

Aber was in der Organisation der Arbeitgeber geschehen ist, hat doch schon genügt, um in der letzten Zeit die Angriffe der sozialdemokratischen Organisationen zurückzuweisen, und ich betrachte es als ganz besonders erfreulich, daß ganz zuletzt der Angriff der Metallarbeiterorganisation, des Metallarbeiterverbandes, der überall im Deutschen Reiche Ausstände der Former angeordnet hatte, bedingungslos zurückgeschlagen ist. Und, meine Herren, ich darf dies entschiedene Vorgehen der Arbeitgeber in diesem Falle wohl zurückführen auf den Kampf, den die bayrische Metallindustrie im vorigen Jahre mit so unvergleichlicher Festigkeit und Opferwilligkeit durchgeführt hat. Das hat das Beispiel für viele andere gegeben, in ähnlicher Weise vorzugehen. (Sehr richtig und Beifall.)

Meine Herren, das Bild, das ich mir erlaubt habe, heute von den Vorkommnissen und Ereignissen zu geben, wird Ihnen auch ein Bild von der Tätigkeit des Centralverbandes und von der Richtung, in der er arbeitet, gegeben haben. Ich verweise nochmals auf das kleine Schriftchen, aus dem Sie zu ersehen vermögen, wie der Centralverband im einzelnen gearbeitet hat, und die überaus freundlichen und gütigen Worte, die wir heute von dem Herrn Vertreter der Regierung, von dem Herrn Vertreter von Nürnberg gehört haben, zeigen, daß die Arbeit des Centralverbandes keine vergebliche gewesen ist.

Dennoch ist der Centralverband von seinem Bestehen ab aufs schärfste angegriffen worden. Man suchte ihm jede Bedeutung abzusprechen, man behandelte ihn mit Nichtachtung und Geringschätzung. Meine Herren, da möchte ich mir doch einmal die Frage erlauben: Wer und was ist denn eigentlich der Centralverband? Der Centralverband ist nicht der Herr Vorsitzende, der Centralverband ist nicht das Direktorium oder der Ausschuß und am allerwenigsten die Geschäftsführung. Der Centralverband ist die Zusammenfassung der Kenntnisse, der Erfahrungen, der Wünsche und Bestrebungen aller der hochgebildeten Männer, die in dem allergrößten und bedeutsamsten Teil der deutschen Industrie wirken und arbeiten. Der Centralverband ist die Verkörperung der Intelligenz in dem größten Teile der deutschen Industrie, der Industriellen, die nicht nur einen hochbedeutenden Faktor unseres Wirtschaftslebens, sondern einen hochbedeutenden Faktor unseres ganzen Staatswesens bilden. (Sehr richtig!) Und ich möchte bitten, daß sich das diejenigen merken möchten, die auch manchmal von hoher Stelle, in der Presse, besonders aber als Führer politischer Parteien bestrebt sind, den Centralverband herabzusetzen, ihn anzugreifen, ihn mit Nichtachtung zu behandeln.

Der Centralverband hat aber diese Angriffe und diese Nichtachtung 30 Jahre lang überstanden, sie haben ihm nichts anzutun vermocht, und ich erlaube mir mit der Hoffnung und mit der Ueberzeugung zu schließen, daß, wenn wiederum 30 Jahre verlaufen sein werden, der Centralverband auf eine Vergangenheit zurückblicken wird, die es denen, die ihn dann bilden werden, möglich macht zu sagen, wir haben, wie in den ersten 30 Jahren zum Wohle der deutschen Industrie, zum Wohle der Allgemeinheit und zum Wohle des Vaterlandes gearbeitet. (Lebhafter langanhaltender Beifall.)

Vorsitzender: Den Dank, welchen ich namens der Versammlung Herrn Generalsekretär Bueck aussprechen wollte, haben Sie mir vorweggenommen.

Meine Herren, wer den Vortrag gehört hat, der kommt zu der Annahme, daß das Kirchenbuch der Heimatgemeinde des Herrn Generalsekretärs Bueck einen Irrtum in Betreff des Geburtsjahres enthalten muß. (Lebhafte Zustimmung.)

Wenn man den 75 jährigen Mann so sprechen hört, so sagt man, das ist nicht denkbar, dort muß ein Fehler vorgekommen sein. Wir wollen wünschen, daß dieser Irrtum noch recht lange erhalten bleibt. (Lebhafter Beifall.)

Meine Herren, ich schlage Ihnen vor, zur Diskussion über den Vortrag des Herrn Generalsekretärs Bueck folgendes als Schema herauszugreifen, damit die Diskussion nicht verwirrt wird: Erst über die Handelspolitik, dann über Flottenpolitik, dann die Zollpolitik, die Eisenbahnpolitik, die Reichsfinanzreform, die Sozialpolitik, allgemeine Fragen.

Ich frage, ob Sie mit dieser Einteilung einverstanden sind, und ich darf bitten, sich zunächst zur Handelspolitik zum Wort zu melden. — Eine Wortmeldung wird nicht beliebt. Wir kommen zur Flottenpolitik. — Auch hier liegen Wortmeldungen nicht vor. — Zollpolitik. — Auch hier meldet sich niemand zum Wort. — Eisenbahnpolitik. — Auch hier sind alle Herren anscheinend einverstanden mit den erhöhten Tarifen. (Heiterkeit.) — Reichsfinanzreform. — Sozialpolitik. — Allgemeine Fragen.

Meine Herren, es will mir scheinen, als ob Sie sich überall auf den Standpunkt des Herrn Generalsekretär Bueck stellen. (Bravo!)

Damit, meine Herren, ist der dritte Punkt der Tagesordnung erledigt, und wir kommen zu dem Vortrage des Herrn Dr. Kuhlo, Syndikus des Bayerischen Industriellenverbandes:

Die Beziehungen zwischen den Industrieen der Rohstoffe und Halbfabrikate und den verarbeitenden Industrieen.

Syndikus Dr. **Kuhlo**-München, Generalsekretär des Bayerischen Industriellenverbandes: Meine Herren, über die Beziehungen zwischen der Industrie der Rohstoffe und Halbfabrikate und der verarbeitenden Industrie ist in den letzten Jahren so außerordentlich viel geschrieben und gesagt worden, daß es vielleicht von Interesse sein dürfte, die Kernpunkte dieser Frage einer näheren Beleuchtung zu unterziehen, um so mehr als das eigentliche Thema meiner heutigen Ausführungen bis jetzt noch nicht außer Zusammenhang mit anderen Gegenständen behandelt wurde. Die Literatur über alle hierher gehörigen Fragen ist allerdings in den letzten Jahren so angewachsen, daß es mir im Rahmen der mir heute zur Verfügung gestellten Zeit nicht möglich sein wird, eine völlig erschöpfende Darstellung des gesamten Stoffes zu geben; ich muß mich darauf beschränken, den Versuch zu machen, Sie in aller Kürze über die hauptsächlichsten Gesichtspunkte zu informieren.

Ein bekannter deutscher Philosoph hat einmal gesagt: „Wenn die Menschen in Frieden leben wollen, müssen sie die Phrase aus der Welt schaffen!“ Dieser Satz hat nirgends mehr Bedeutung als im wirtschaftlichen Leben, wo gerade mit Schlagwörtern und Phrasen außerordentlich viel gearbeitet wird. Zu solchen Schlagwörtern, die sozusagen in Fleisch und Blut vieler, die auf wirtschaftlichem Gebiete tätig sind, übergegangen sind, gehören z. B. die „unüberbrückbaren Gegensätze zwischen Industrie und Landwirtschaft“ und innerhalb der Industrie wieder die ebenfalls „keine Aussicht auf Ausgleich bietenden Gegensätze zwischen der schweren und leichten Industrie“. Das derartige Interessenverschiedenheiten in schärfster Form existieren, ist so oft und bei so vielen Gelegenheiten öffentlich betont worden, daß es gewiß nicht leicht sein wird, den Beweis führen zu wollen, daß diese als eine Selbstverständlichkeit hingestellten Behauptungen vielleicht doch nicht ganz den tatsächlichen Verhältnissen entsprechen. Zweifellos bestehen zwischen Industrie und Landwirtschaft noch heute eine Reihe von scharfen Interessengegensätzen, die aber in der Hauptsache dadurch entstanden sind, daß die politische Interessenvertretung der Landwirtschaft eine bei weitem einflußreichere ist als die Machtsphäre der Industrie, und daß es deshalb von seiten der Industrie stets der Aufbietung aller Kräfte und der Entfaltung sämtlicher Kampfmittel bedarf, wenn es gilt, die Gleichstellung in der Behandlung von Industrie und Landwirtschaft bei wichtigen wirtschaftlichen Fragen zu erstreiten. Leider sind unsere allgemeinen politischen Verhältnisse noch nicht so, daß die Industrie stets auf eine solche gleichmäßige Behandlung ihrer Interessen rechnen könnte. Wer aber heute noch ernstlich behaupten wollte, daß Landwirtschaft und Industrie zwei feindliche Brüder seien, von denen der eine Deutschland zum reinen Agrarstaat, der andere zum reinen Industriestaat machen will, würde damit wohl wenig wirtschaftspolitische Einsicht verraten, denn die Entwickelung der Volkswirtschaft des Deutschen Reiches zeigt mit großer Deutlichkeit, daß wir eine ersprießliche Zukunft unserer gesamten wirtschaftlichen Verhältnisse nur von einem gleichmäßigen Ausbau dieser beiden wichtigsten Erwerbsfaktoren, der Landwirtschaft und der Industrie, erwarten können, und daß die Gegensätze schon deshalb keine so großen sein können, weil beide nicht ohne einander zu leben im stande sind, sondern immer wieder aufeinander angewiesen sind. Wir werden es vielleicht noch erleben, daß nach einer entsprechenden Gleichstellung der gegenseitigen Interessenvertretungen — von der vorläufig allerdings noch keine Rede sein kann — Landwirtschaft und Industrie Hand in Hand sine ira et studio an die Behandlung der großen wirtschaftlichen Fragen des Deutschen Reiches herangehen werden.

Auch bei den immer wieder behaupteten Gegensätzen zwischen schwerer und leichter Industrie kann von einer gewissen Aehnlichkeit mit den eben besprochenen Interessenverschiedenheiten gesprochen werden.

Noch mehr als die Landwirtschaft auf die Industrie ist die Industrie der Rohstoffe und Halbfabrikate auf die verarbeitende Industrie angewiesen, steht sie doch zu ihr im Verhältnis von Lieferantin zur Kundin, und es hieße wahrlich wenig wirtschaftliche Klugheit zeigen, wenn die Lieferantin durch ihre Politik die Grundlagen der Existenz ihrer Abnehmer und damit ihre eigene Existenz untergraben wollte. Auch hier spielt die Interessenvertretung eine gewisse Rolle, denn die leichte Industrie und deren Vertreter haben vielfach behauptet, daß der Einfluß der Rohstoff- und Halbfabrikatindustrie besonders im Centralverband Deutscher Industrieller ein so erdrückender sei, daß daraus von selbst eine stiefmütterliche Behandlung der Fertigindustrie folgen müsse. Ich bin hier nicht dazu berufen, die Politik des Centralverbandes Deutscher Industrieller zu verteidigen, sondern möchte Sie nur bitten, mir jetzt kurz bei einer Behandlung der einzelnen Interessengebiete zu folgen, die den Zweck haben soll, zu untersuchen, ob das Schlagwort von den unüberbrückbaren Gegensätzen zwischen schwerer und leichter Industrie durch die Verhältnisse tatsächlich begründet ist.

Die hauptsächlichsten Interessenverschiedenheiten zwischen der schweren und leichten Industrie haben sich auf dem Gebiet der Handels- und Kartell-Politik ergeben. Was speziell die erstere anbetrifft, so möchte ich jetzt begreiflicherweise nicht die zu unserem Glück für die nächsten zwölf Jahre nicht aktuelle Frage, ob Schutzzoll, gemäßigter Schutzzoll oder Freihandel für die deutsche Industrie die einzig richtige Grundlage einer gedeihlichen Entwickelung sei, von neuem zur Erörterung bringen, nachdem die schweren Kämpfe der letzten Jahre ergeben haben, daß gerade auf diesem Gebiete für eine dauernde Vereinigung aller Ansichten am wenigsten Aussicht besteht. In der von den Vertretern der verschiedenen zollpolitischen Ansichten geführten Polemik kehrt häufig der Vorwurf wieder, daß sich die schwere Industrie, d. h. die Industrie der Rohstoffe und Halbfabrikate, mit den Agrariern zu einem heimlichen Bund verschworen habe, dessen Zweck war, durch möglichst große gegenseitige Zugeständnisse mit Bezug auf die Festsetzung der einzelnen Zölle alle übrigen Einflüsse auszuschalten, damit dann unter dem neuen Zollschutze die Industrie der Fertigfabrikate ohne Störung durch die lästige Auslandskonkurrenz nach Willkür ausgebeutet werden kann. Auf der einen Seite sollen die Preise für die Rohstoffe nach Belieben erhöht werden, während auf der anderen Seite die hohen Getreidepreise eine entsprechende Steigerung der Arbeitslöhne zur Folge haben müßten. Es ist mir nicht bekannt geworden, ob die Verbreiter dieser Darstellung jemals selbst geglaubt haben, daß bei dem Abschluß der neuen Handelsverträge solche wirtschaftlich und politisch unhaltbaren Gesichtspunkte maßgebend sein könnten, jedenfalls ist mit dieser Unterstellung, die jedem wirtschaftlich Einsichtigen sofort als plumpes Manöver erscheinen mußte, sowohl in politischen und industriellen Versammlungen als auch in der Presse viel gearbeitet worden. Der Zweck, den solche Darstellungen hatten, ist allerdings in vielen Fällen erreicht worden: In den Kreisen der Fertigindustrie griff allmählich ein großes Mißtrauen gegen die schwarzen Pläne der schweren Industrie Platz, und der so trefflich genährte Keim des Unfriedens in der Industrie trieb stolze Früchte.

Dies führte denn auch dazu, daß die Rohstoffindustrie und die Fertigindustrie, statt, wie es so notwendig gewesen wäre, Schulter an Schulter um ihre wichtigsten Interessen zu kämpfen, als feindliche Brüder das bedauerliche Schauspiel ärgster Zersplitterung innerhalb der industriellen Kreise boten; die Gegner der Industrie hätten wohl wenig politische Klugheit gezeigt, wenn sie diese Situation nicht zu ihren Gunsten ausgenutzt hätten! Das Endresultat war dann die Herstellung des ihnen bekannten Zolltarifs und der Abschluß der neuen Handelsverträge, über deren ungünstige Beurteilung in den Kreisen der deutschen Industrie nur e i n e Stimme herrschte. Tatsächlich lagen natürlich die Verhältnisse ganz anders, als sie in der oben angeführten Unterstellung geschildert wurden: Die deutsche Landwirtschaft hat es durch zielbewußtes und einiges Vorgehen verstanden, sich im Laufe der Jahrzehnte einen derartigen politischen Einfluß zu sichern, daß es bald klar wurde, in welchem Sinne die Behandlung der Zollfragen erledigt werden würde. Dem überwiegenden Einfluß der Agrarier in kurzer Zeit ein ebenbürtiges Gleichgewicht durch die Macht der Industrie entgegenzusetzen, war ein Ding der Unmöglichkeit. Wollte die Industrie also überhaupt eine Berücksichtigung ihrer Interessen finden, so war es für sie bei dem Stande der Dinge notwendig, derjenigen wirtschaftlichen Macht, die die Fäden in der Hand hatte, gewisse Konzessionen zu machen. Ueber die Wünsche der Industrie wurde auf Grund des von den Interessenten in Form von Eingaben und Bekanntgabe von Wünschen zur Verfügung gestellten Materials im wirtschaftlichen Ausschuß verhandelt und dabei der Versuch gemacht, zur Befriedigung der einzelnen Wünsche eine mittlere, allen berechtigten Forderungen Rechnung tragende Linie zu finden. Da auch im wirtschaftlichen Ausschuß der agrarische Einfluß dominierte, war es schließlich für die Eingeweihten nicht verwunderlich, daß die definitive Festsetzung der Zölle der Landwirtschaft so erhebliche Vergünstigungen im Gegensatz zur Industrie brachte. Wenn die industriellen Vertreter, um wenigstens das für die Industrie unerläßlich Notwendige durchzusetzen, den Agrariern einige Zugeständnisse zu machen gezwungen waren, so haben sie weiter nichts getan, als die Politik des praktisch Erreichbaren verfolgt; von einer Sonderbündelei zum Schaden der Fertigindustrie konnte keine Rede sein. Nur diejenigen, welche ein begreifliches Interesse daran haben, den Einfluß der Industrie im wirtschaftlichen Leben Deutschlands durch absichtliche Störungen des Friedens und Konstruktion vermeintlicher Interessengegensätze zu schwächen, konnten die Gelegenheit der zollpolitischen Verhandlungen dazu benützen, von neuem Unfrieden in die Reihen der Industrie zu säen und besonders der Fertigindustrie die Meinung zu suggerieren, daß die Industrie der Rohstoffe und Halbfabrikate die Festsetzung der Handelsvertragssätze zur Verfolgung eigennütziger Pläne zum Nachteil ihrer Abnehmer benützen und sich dabei nicht scheuen würden, mit dem „geschworenen Feinde", dem Agrariertum, heimliche Verträge abzuschließen. Bemerkenswert ist übrigens, daß die Fertigindustrie, die sich über die Zollforderungen der schweren Industrie entrüstete, in ihren an die Reichsregierung gerichteten Wünschen behufs Zollschutz auch durchaus nicht bescheiden war; ich habe bei Behandlung der Eingaben der bayerischen Industriellen Fälle kennen gelernt, wo Fabrikanten, die mir in ihrer politischen Tätigkeit als enragierte Freihändler bekannt sind, für ihre Fabrikate Zölle forderten, deren Höhe weit über das Maß des wirtschaftlich zu rechtfertigenden hinausging. Es hat also wohl wenig Zweck gehabt, daß die Industrie bei Behandlung der Zollfrage eine Politik der gegenseitigen Vorwürfe befolgte.

Alle Klagen über die bedauerlichen Folgen der Uneinigkeit der Industrie nützen uns heute nichts mehr. Die Handelsverträge sind abgeschlossen und die Gelegenheit zu einer energischen Wahrnehmung unserer vitalsten Interessen auf der Basis eines alle Kreise der deutschen Industrie umfassenden, einmütigen Vorgehens ist verpaßt worden. Mögen die schlimmen Erfahrungen, deren völlige Tragweite jetzt noch nicht abzusehen ist, uns wenigstens dazu verhelfen, daß wir daraus die Lehre ziehen, wie wir uns in zukünftigen Fällen zu verhalten haben. Allen denen, die es mit der Industrie wahrhaft gut meinen, kann nur der eine Wunsch am Herzen liegen, daß die nächsten handelspolitischen Verhandlungen eine geeinte Industrie finden werden, deren Einfluß im stande sein wird, die berechtigten Forderungen dieses mächtigen wirtschaftlichen Faktors auch entsprechend zur Geltung zu bringen. Dies wird aber nur dann möglich sein, wenn alle Kreise der Industrie, Rohstoff- und Fertigindustrie, zu der Einsicht kommen, daß nicht in der von wirtschaftlichen und politischen Gegnern unterstützten Betonung etwaiger Interessenverschiedenheiten, sondern in einer bei gutem Willen stets zu ermöglichenden vollständig einheitlichen Wahrnehmung der Gesamtinteressen der deutschen Industrie die einzige Möglichkeit für eine zukünftige Entwickelung von handelspolitischen Verhältnissen liegt, die auch unseren Bedürfnissen entsprechend Rechnung tragen.

Im Anschlusse an die zollpolitischen Fragen möchte ich hier auch noch kurz die viel erörterten Ausfuhrzölle besprechen. Wenn der Preis irgend eines Rohstoffartikels eine Höhe erreicht hat, welche den Beziehern desselben nicht gerechtfertigt erscheint, wird bei der Reichsregierung von der betreffenden Fertigindustrie und deren Organen ein Antrag auf Einführung eines Ausfuhrzolls auf diesen Artikel gestellt. Ich bin kein prinzipieller Gegner jedes Ausfuhrzolls, da es tatsächlich bisweilen Verhältnisse geben mag, die seine Einführung als zweckmäßige Maßregel erscheinen lassen, möchte aber nicht versäumen, auch hier auf die großen Gefahren hinzuweisen, die aus einer zu häufigen Anwendung oder aus einem Mißbrauch der Ausfuhrzölle entstehen können. Auf der einen Seite können durch Ausfuhrzölle Exportbeziehungen, deren Herstellung Jahre mühsamer Arbeit gekostet hat, endgültig zerstört werden, und dadurch erhebliche Schädigungen der inländischen Industrie herbeigeführt werden, da natürlich die Wiederanknüpfung solcher Beziehungen für das betreffende Gebiet, wenn die Konkurrenten es inzwischen mit Beschlag belegt haben, nicht mehr möglich ist.

Andererseits darf nicht vergessen werden, daß die ausländischen Staaten, wenn der betreffende Ausfuhrzoll ihren Interessen nicht entspricht, selbstverständlich derartige Aktionen mit Repressalien beantworten und Ausfuhrzölle auf Rohprodukte legen können, deren Bezug aus dem Auslande für uns unbedingt notwendig ist. Die Maßregel kann also unter Umständen sehr schwere wirtschaftliche Folgen haben. Man wird also gut daran tun, auch in der Frage der Ausfuhrzölle sehr vorsichtig zu operieren und bei eventuellen Gegensätzen zwischen Rohstoff- und Fertigindustrie nicht gleich Anträge ab irato zu stellen, sondern den Versuch zu machen, einen Ausgleich unter Vermeidung solcher gefährlichen zollpolitischen Maßregeln zu suchen.

Ich komme nun auf das Gebiet zu sprechen, auf dem die schärfsten Differenzen zwischen Rohstoff- und Fertigindustrie, deren Erörterung noch heute in der Oeffentlichkeit eine große Rolle spielt, zu Tage getreten sind — das Kartellwesen. Die Vorwürfe, welche von der Fertigindustrie gegen die großen Rohstoffkartelle gerichtet werden, lassen sich in der Hauptsache in drei Teile gliedern:

1. daß die Kartelle der Rohstoffindustrie in ihrer Preispolitik auf die Entwickelung und jeweilige Konjunktur der Fertigindustrie zu wenig Rücksicht nehmen,
2. daß sie die Preise im Inland künstlich hochhalten, während nach dem Ausland zu wesentlich niedrigeren Preisen verkauft wird, was sich hauptsächlich während des wirtschaftlichen Niederganges 1901 und 1902 gezeigt habe,
3. daß, wie schon oben erwähnt, die Kartelle durch ihre Schutzpolitik zur Wahrnehmung ihrer eigenen Vorteile die Interessen der Fertigindustrie beim Abschluß der Handelsverträge wesentlich beeinträchtigt hatten.

Den letzten Punkt habe ich schon vorhin so ausführlich besprochen, daß es sich wohl erübrigt, ihn jetzt noch einmal zur Erörterung zu bringen. Mit den beiden ersten Vorwürfen muß ich mich jedoch etwas näher beschäftigen, da sie gewissermaßen den Kernpunkt der ganzen Frage von den Gegensätzen zwischen der sogenannten schweren und leichten Industrie bilden. Ich glaube, daß die Besprechung dieser viel erörterten und heiß umstrittenen Gesichtspunkte am zweckmäßigsten auf dem Wege erfolgt, daß hier die Beziehungen zwischen den größten Rohstoffverbänden und ihren Abnehmern kurz behandelt werden, weil es so am ersten möglich sein wird, Ihnen ein ungefähres Bild von der Lage der Dinge zu geben. Die breitesten Unterlagen für meine Ausführungen konnte ich den Protokollen der kontradiktorischen Verhandlungen über die Kartelle entnehmen, in denen die Ansichten der Ankläger wie Verteidiger der Rohstoff- und Halbzeugkartelle in umfangreichster Weise niedergelegt wurden. Ich werde auch bei Erörterung der Gegensätze persönlicher Anschauungsäußerungen mich soweit als möglich enthalten und Ihnen nur in aller Kürze angeben, wie sich die beiden Parteien über die hauptsächlichsten Streitpunkte aussprachen.

Mit Bezug auf das Rheinisch-Westfälische Kohlensyndikat wurde von den Vertretern der Abnehmer zwar allseitig anerkannt, daß das Syndikat in den Zeiten wirtschaftlichen Aufschwungs 1899—1900 entgegen den Wünschen einzelner Syndikatsmitglieder eine sehr maßvolle Preispolitik betrieben habe, hingegen wurde der Vorwurf erhoben, daß das Syndikat die im Jahre 1901 zu Tage getretene Krisis wesentlich dadurch verschärft habe, daß es unbedingt an seinen Abschlußpreisen festgehalten und die Preise nur in sehr mäßigem Umfang herabgesetzt habe. Auch sei es ein Mißstand, daß das Syndikat Abschlüsse nur für längere Perioden -- gewöhnlich ein Jahr — betätige und zu wenig Rücksicht auf die Möglichkeit schnellen Konjunkturwechsels nehme. Demgegenüber betonten die Vertreter des Syndikats, daß der Krisis gerade durch die Preispolitik des Kohlensyndikats die Spitze abgebrochen worden sei; wären die Kohlenpreise — wie zur Zeit der freien Konkurrenz — bei Ausbruch der Krisis rapid gesunken, so hätten natürlich auch die Preise aller übrigen Rohmaterialien einen Preissturz erlebt und die Krisis hätte sich zu einem Krach entwickelt, der dem der 70er Jahre ähnlich geworden wäre. Daß das Syndikat auf die abgeschlossenen Preise in Anbetracht der Verschlechterung der Konjunktur einen Nachlaß hätte gewähren sollen, sei ein unbilliges Verlangen, es habe ja auch bei Steigerung der Konjunktur keine höheren als die abgeschlossenen Preise verlangen können. Wenn derartige Ansinnen ernst genommen würden, höre alle Treu und Glauben im Handelsverkehr auf. Was endlich die Abschlüsse auf längere Zeit betreffe, so sei das Syndikat gerade zu dem Zweck gegründet worden, um den beständigen großen Preisschwankungen und schrankenlosen Unterbietungen bei den früher vierwöchentlichen Abschlußverträgen ein Ziel zu setzen. Bei den enormen Lieferungen des Syndikats sei es nur dann möglich, den einzelnen Abnehmern die regelmäßige Lieferung der von ihm beanspruchten Kohlenquantitäten zu garantieren, wenn sie ihren Verbrauch für die Dauer eines Jahres festlegen. Daß übrigens die Herabsetzung der Kohlenpreise nicht unter allen Umständen einen Nutzen für die konsumierenden Industrieen bedeute, sei an dem Beispiel der Zementindustrie zu ersehen. Nach Auflösung des Nordwest-Mitteldeutschen Zementsyndikats brach in dieser Industrie ein wilder Konkurrenzkampf los, und es unterliegt keinem Zweifel, daß ein weiteres Sinken der Kohlenpreise nur mit einem weiteren Herabgehen der Zementpreise verknüpft gewesen wäre, wovon die nicht kartellierte Zementindustrie sicher keinen Vorteil gehabt hätte; ähnlich liegen die Verhältnisse auch in anderen Industrieen.

Weiter wurde gegen das Rheinisch-Westfälische Kohlensyndikat der Vorwurf erhoben, daß es die Preise im Inland künstlich hochgehalten und nach dem Ausland geschleudert habe. Es sei dadurch eine doppelte Schädigung der inländischen Industrie eingetreten, da sie erstens die hohen Preise zahlen mußte und zweitens auch auf dem Weltmarkt um die Preisdifferenz zwischen Inlands- und Auslandspreis gegenüber der ausländischen Konkurrenz im Nachteil gewesen sei. Demgegenüber wurde von den Vertretern des Syndikats ins Feld geführt, daß Zweck des Zusammenschlusses der Kohlenzechen natürlich die Erzielung rationellen Gewinnes für ihre Produkte gewesen sei. Man habe nach dem Ausland niemals unter den Selbstkosten, wenn auch zeitweise nicht höher verkauft; wenn höhere Preise im Ausland nicht erzielt worden seien, so sei es gewiß nicht Schuld der Syndikate, sondern der allgemeinen Marktlage gewesen; die Syndikate hätten sicher auch gern zu besseren Preisen nach dem Ausland verkauft; der Umstand, daß im Ausland kein Nutzen erzielt werden könnte, sei nun aber doch für das Syndikat kein Grund gewesen, auch im Inland auf die von dem Zusammenschluß der Zechen erwarteten Vorteile zu verzichten und die Preise ohne weiteres den schlechten Auslandsverkaufsbedingungen gleichzustellen. Man habe sich bemüht, hier einen kleinen Gewinn zu erzielen; daß die Preisbildung besonders zu Zeiten der Hochkonjunktur von seiten des Syndikats in sehr maßvoller Weise betrieben wurde, sei mehrfach anerkannt worden. Im ganzen genommen ging das Rheinisch-Westfälische Kohlensyndikat aus den kontradiktorischen Verhandlungen so gerechtfertigt hervor, daß von einzelnen Seiten das Kohlensyndikat sogar als Muster für andere Syndikate bezeichnet wurde.

Wesentlich schlechter erging es dem Westfälischen Kokssyndikat bei der Erörterung der gegenseitigen Interessenstandpunkte. Die hauptsächlichsten Vorwürfe bezogen sich auch hier auf die Gestaltung der Preispolitik. Man warf dem Kokssyndikat nicht nur die übermäßige Hochhaltung der Preise, sondern auch den Zwang zum Abschluß langfristiger Verträge vor. Für das Jahr 1899 war der Syndikatspreis für Koks 14 M. Als sich die Konjunktur wesentlich gebessert hatte und besonders die nicht syndizierten Kokswerke Preise bis zu 24 M. erzielen konnten, beschloß das Syndikat, den Preis auf 20 M. festzusetzen, gleichzeitig jedoch den bisherigen Abnehmern den Vorschlag zu machen, für die Abschlüsse 1899 und 1900 einen Fusionspreis von 17 M. zu akzeptieren. Es wurde nun der Vorwurf erhoben, daß man die Abnehmer mit dem Hinweis, daß sie wahrscheinlich nach 1899 überhaupt keinen Koks mehr bekommen werden, gezwungen habe, diesen Fusionspreis und damit einen zweijährigen Abschluß zu akzeptieren und daß dies ein unzulässiger Druck gewesen sei. Das Syndikat machte demgegenüber geltend, daß es auf niemand einen unerlaubten Druck ausgeübt habe; eine Reihe von Abnehmern hätte auch den Fusionspreis nicht akzeptiert und später doch allerdings nur zu höheren Preisen ihr Koksquantum bekommen. Die Erhöhung der Preise sei den syndizierten Werken gegenüber eine Notwendigkeit gewesen, nachdem im freien Markte um 6 bis 8 M. höhere Preise erzielt wurden als von den Syndikatsmitgliedern. Durch den Vorschlag des Fusionspreises habe man den Abnehmern entgegenkommen, nicht auf sie einen Druck ausüben wollen. Außerdem sei das Syndikat, nach dem Eintritt der Krisis den Abnehmern durch Lieferungsstundungen in weitgehendster Weise entgegengekommen. Im Jahre 1901 seien über 1 800 000 Tonnen abgeschlossener Ware nicht abgerufen worden, ohne daß das Syndikat mit Zwangsmaßregeln vorgegangen sei. Was ferner den ebenfalls erhobenen Vorwurf der billigeren Lieferung ins Ausland betreffe, so sei dies eine überall zu Tage tretende Erscheinung, die nicht allein auf die syndizierten Artikel zutreffe. Es sei darauf hinzuweisen, daß z. B. gerade in der Eisenindustrie eine Reihe nicht syndizierter Artikel, z. B. Walzdraht, Träger, Bleche vielfach zu ganz erheblich unter dem Inlandspreis stehenden Sätzen nach dem Ausland verkauft worden seien. Die Differenz der Inlands- und Auslandspreise habe also doch wohl einen anderen Grund als die Tatsache der Kartellierung. Weiter wurde noch eine Anzahl von Klagen über die Verkaufsbedingungen des Kokssyndikats vorgebracht, so über die einseitige Streikklausel, die Weigerung, nach Analyse zu verkaufen, Forderung von Kautionen u. s. w. Auch hier wurde von den Vertretern des Syndikats geltend gemacht, daß die Festsetzung dieser Bedingungen nach Lage der Koksindustrie eine Notwendigkeit gewesen sei, daß die praktische Handhabung der Klauseln jedoch stets in liberalster Weise erfolgt sei. Alles in allem ergeben die Verhandlungen über das Kokssyndikat, daß auch hier eine Möglichkeit des Ausgleichs vorhandener Gegensätze bestand; die Vertreter des Syndikats erklärten sich gern bereit, geäußerten Wünschen und Klagen Rechnung zu tragen.

Bei der Behandlung der Interessengegensätze auf dem Gebiete des Rheinisch-Westfälischen Roheisensyndikats trat die Verschiedenheit der Standpunkte der einzelnen Parteien begreiflicherweise in noch höherem Maße zu Tage. Handelt es sich doch hier um denjenigen Rohstoff, dessen Preisbemessung für die gesamte Eisen- und Maschinenindustrie von weittragendster Bedeutung ist, da der Wert des Roheisens einen hohen Prozentsatz des Wertes des Gesamtproduktes der Fertigindustrie dieses Industriezweiges darstellt. Hauptsächlich waren es die Fragen der Auslandsverkäufe und der Ausfuhrfähigkeit der verarbeitenden Industrieen, welche bei den kontradiktorischen Verhandlungen in den Vordergrund traten. Von den Vertretern des Syndikats wurde geltend gemacht, daß die Auslandsverkäufe von Gießereiroheisen in der Entwickelung des Exportmarktes der verarbeitenden Industrie schon deshalb keine so große Rolle spielen können, da diese nur 5 pCt. der gesamten Produktion des Syndikats betrügen. Von den Fertigindustriellen wurde jedoch der dringende Wunsch geäußert, daß die Syndikate ihnen nicht nur im Roheisen, sondern auch in allen anderen Dingen möglichst entgegenkommen, da sie sonst nicht existieren könnten. Auch die Frage des Eisenzolls spielte hier eine Rolle, besonders in der Richtung, ob er die Bildung von Syndikaten erst ermöglicht habe und inwieweit er ihre Preispolitik unterstütze; ich möchte jedoch hier auf diese theoretischen Erörterungen nicht näher eingehen. Daß es eingehender Erwägung bedarf, wie die Benachteiligung der einheimischen Industrie dadurch, daß sie für ihre Rohmaterialien höhere Preise bezahlen muß als ihre ausländische Konkurrenz, beseitigt werden kann, ist zweifellos, doch glaube ich, daß man den Kartellen unrecht tut, wenn man alle in dieser Richtung zu Tage getretenen Mißstände ausschließlich auf ihr Konto setzt; es sind doch für die Preisbestimmung, besonders da unsere Syndikate keine Monopole sind, auch noch andere Verhältnisse maßgebend als die Politik der Kartelle. Darin liegt vielleicht ein großer Teil der Schärfe aller bezüglichen Auseinandersetzungen, daß man die Kartelle und Syndikate auch für eine Reihe von wirtschaftlichen Ereignissen (hauptsächlich unangenehmen Erscheinungen) verantwortlich macht, an denen sie vollkommen unschuldig sind. Es sind sogar Ansichten geäußert worden, daß die Kartelle nicht nur an der Verschärfung der Krisis des Jahres 1901, sondern überhaupt an der Krisis schuld seien; ich glaube, daß solche Aeußerungen weit über das Ziel hinausschießen. Ich bitte, mich nicht mißzuverstehen! Ich fühle mich durchaus nicht dazu berufen, hier die Preispolitik der Kartelle zu verteidigen; ich bitte Sie, meine Ausführungen nur in dem Sinne aufzufassen, daß ich es für wünschenswert halte, daß Gegensätze nicht durch mißverständliche Ansichten noch weiter verschärft werden, die uns von der notwendigen Verständigung der in Betracht kommenden Industriezweige, statt uns ihr näher zu bringen, noch weiter entfernen.

Ueber die zwischen anderen Rohstoffkartellen und ihren Abnehmern herrschenden Verhältnisse kann ich hier nur ganz kurz sprechen, wenn ich nicht Gefahr laufen will, weit über den Rahmen der mir zur Verfügung stehenden Zeit hinauszugehen. In der Spiritusindustrie scheinen die mit dem Kartell Unzufriedenen weniger in den Kreisen der Abnehmer oder der Brenner als unter den Spritfabriken, die bei einer Erneuerung des Kartells eine Kürzung ihres Kontingents befürchten müssen, zu suchen zu sein. Von dieser Seite wurden daher auch energische Schritte unternommen, deren Zweck es war, sich eine genügende Anzahl außerhalb des Kartells stehender Brenner zu sichern, mit deren Hilfe sie dann im stande gewesen wären, die Politik des Kartells im Spiritusgewerbe zu durchkreuzen. Inzwischen scheinen sich die Aussichten auf Erneuerung des Spirituskartells dadurch wesentlich verschlechtert zu haben, daß die große Zahl der Out-

über die Möglichkeit eines wirksamen Zusammenschlusses in Frage stellt. —

Ueber das Druckpapiersyndikat — es gehört eigentlich zu den Rohstoffkartellen nur im Sinne der Zeitungsverleger — konnten von den Gegnern wesentliche Klagen nicht vorgebracht werden, da es durch eine sehr mäßige — übrigens auch durch die große Zahl außenstehender Werke bedingte — Preispolitik keinen Anlaß zu Beschwerden gegeben hatte. Die Abnehmer sprachen nur Befürchtungen über die zukünftige Gestaltung des Marktes aus, wenn es dem Syndikat gelungen sei, sich weiter zu kräftigen. Vorläufig waren jedoch alle darüber einig, daß das Druckpapiersyndikat in der Hauptsache keine ungünstigen Wirkungen auf die Lage der Zeitungsverlagsanstalten ausgeübt habe.

Die Zahl der Rohstoffkartelle ist eine so große, daß die Betrachtung über ihre Beziehungen zu der Fertigindustrie noch in weit größerem Maße fortgesetzt werden könnte; es kam mir jedoch lediglich darauf an, Ihnen an einigen besonders typischen Fällen die Art der Interessenverschiedenheiten darzulegen.

Ich möchte noch ganz kurz einiges über die auf dem Gebiete des Kartellwesens zu Tage getretenen Gegensätze zwischen Halbzeugverbänden und Fertigindustrie sagen, obwohl es bei der Masse der hierüber geäußerten Ansichten und der umfangreichen Literatur schwer sein wird, die hauptsächlichsten Streitpunkte in so gedrängter Form zu erörtern.

Die größte Rolle unter diesen Verbänden spielt bekanntlich der Stahlwerksverband, der, wenn auch gegen seine Politik manche nicht unberechtigten Einwendungen erhoben wurden, doch nach dem übereinstimmenden Urteile aller an den betreffenden Märkten interessierten Kreise eine segensreiche Wirkung auf die Entwickelung vieler beteiligten Industriezweige ausgeübt hat. Der Stahlwerksverband umfaßt bekanntlich auch eine Reihe von gemischten Walzwerken, d. h. solchen Werken, die außer dem Rohstoffe auch Walzfabrikate herstellen. Die reinen Walzwerke erhoben nun den Vorwurf gegen den Stahlwerksverband, daß er durch seine Politik die reinen Walzwerke allmählich zu Grunde richte, da er das seinen Mitgliedern, den gemischten Werken, zukommende Kontingent stetig erhöhe, während er den reinen Walzwerken immer weniger Halbzeug liefere. Der Stahlwerksverband wandte sich in sehr energischer Weise gegen die Auffassung, als ob er die reinen Walzwerke schädigen wolle; er habe im Gegenteil ein großes Interesse an deren Fortbestehen. Es sei allerdings nicht zu leugnen, daß der kombinierte Betrieb der gemischten Werke diesen so große wirtschaftliche Vorteile gegenüber den reinen Walzwerken bringe, daß letztere hierdurch benachteiligt würden; das sei aber nicht Schuld des Stahlwerksverbandes, sondern eine Folge der wirtschaftlichen Entwickelung. Vielleicht gelingt es dem Stahlwerksverband, allmählich auch die Martinswerke und reinen Walzwerke zu syndizieren und damit eine Kartellierung der B-Produkte durchzuführen; dann würden wohl diese gewiß nicht unberechtigten Klagen verschwinden. Daß übrigens die Menge der den einzelnen Halbzeugverbrauchern vom Stahlwerksverband zur Verfügung gestellten Quanten nicht verkürzt wird, mag schon daraus hervorgehen, daß der Verband im Gegensatz zum früheren Halbzeugverband ganz erheblich größere Mengen von Material dem Inlandsverbrauch zugeführt hat; dies geht auch aus den mir vom Stahlwerksverband zur Verfügung gestellten Tabellen deutlich hervor. Die Frage der zukünftigen Entwickelung der reinen Walzwerke wird wohl in umfassender Weise erst dann in die Erscheinung treten, wenn wir ein Nachlassen der Konjunktur zu befürchten haben, weil dann natürlich die im Stahlwerksverbande vereinigten kombinierten Betriebe möglichst den Markt beherrschen würden, und wenn ich auch den guten Willen des Stahlwerksverbandes, auf diesem Gebiete ausgleichend zu wirken, nicht bezweifle, so ist es doch die Frage, ob nicht der Einfluß der vereinigten kombinierten Betriebe im Stahlwerksverband so groß ist, daß es ihm vielleicht nicht mehr möglich sein wird, den reinen Walzwerken gegenüber den Standpunkt einzunehmen, der für diesen Teil der Industrie gerechtfertigt wäre.

Auch wurde dem Stahlwerksverbande der meiner Ansicht nach zweifellos berechtigte Vorwurf gemacht, daß er den geographisch weniger begünstigten Werken — ich denke hier in erster Linie an Bayern — nicht genügend entgegenkommt. Während zum Beispiel der Ausländer in Rücksicht auf die hinzukommende Fracht einen niedrigeren Einfuhrpreis erhält, wird dem Inländer die Berücksichtigung der Umwegfracht für die Ausfuhr verweigert.

Alles dies sind aber Dinge, die durch die Erörterung in der Oeffentlichkeit sowie in der Presse die Gegensätze nur verschärfen; schon anläßlich der kontradiktorischen Verhandlungen im Reichsamt des Innern wurde von den Verbrauchern der Vorschlag gemacht, eine gemeinsame Kommission zum Ausgleich von Gegensätzen einzusetzen; dieser Weg wird wohl auch heute noch der gangbarste sein. Niemand wird die großen Vorteile verkennen wollen, die der Verband allen Teilnehmern durch Schaffung fester Preis- und Produktionsverhältnisse gebracht hat und darum ist auch nicht daran zu zweifeln, daß der Stahlwerksverband fortgesetzt werden wird. Wenn ihm die große

Aufgabe gelingen sollte, auch für die Produkte B einen geregelten Markt zu schaffen, dann werden wohl auch die Klagen der Verarbeiter mehr und mehr verstummen. Nicht das Syndikat als solches, oder der ihm zu Grunde liegende Gedanke, sondern Mängel der Organisation führen zu den mehrfach erörterten Interessenverschiedenheiten.

Ein wichtiges Halbzeugkartell ist auch der **Weißblechverband**, der sich rühmen kann, eines der ältesten Kartelle Deutschlands zu sein; er wurde schon im Jahre 1862 gegründet. Die Verhältnisse bei diesem Verband scheinen ganz besondere zu sein, und die Vorwürfe, welche gegen andere Syndikate erhoben wurden, treten hier in ganz anderer Form auf. Man wirft dem Weißblechverband vor, daß seine Produktion nicht genüge, um den inländischen Bedarf zu decken, und daß seine Lieferfristen zu lange seien. Der Verband umfaßt nur 5 Fabriken, die in ihrer Produktion ziemlich unbehindert sind, trotzdem aber nur mäßige Steigerungen der Herstellung eintreten lassen. Man hat die Behauptung aufgestellt, daß der Weißblechverband, wenn er wolle, den ganzen Inlandskonsum decken und mit seinen Preisen noch die englischen Notierungen unterbieten könne. Die Vertreter des Syndikats machten demgegenüber geltend, daß die Unkosten für die Herstellung von Weißblech in Deutschland ungleich höhere seien als in England, und daß daher das Spannungsverhältnis zwischen den englischen Preisen zuzüglich Zoll und den deutschen Preisen ein solches sei, daß sich daraus nur ein ganz geringer Ueberschuß für den deutschen Produzenten ergebe. Auch sei das Syndikat bestrebt, seine Produktion allmählich zu steigern und hoffe mit der Zeit in die Lage zu kommen, den ganzen Inlandskonsum zu decken; sprunghafte Steigerungen der Produktion, wie sie die großen Schwankungen des Verbrauchs notwendig gemacht hätten, seien eine gefährliche Sache für die einzelnen Werke sowohl als für den Verband. Daß von einer Monopolstellung des Weißblechverbandes, wie sie von verschiedenen Seiten behauptet worden ist, nicht die Rede sein könne, ergebe sich sowohl aus der scharfen englischen Konkurrenz als auch daraus, daß, trotzdem der Verband den Inlandskonsum nicht decke und die Beteiligung seiner Werke nach deren Leistungsfähigkeit beständig erhöhe, sich niemand veranlaßt sehe, eine Konkurrenzfabrik zu errichten. Wo einträgliche Monopole bestünden, kämen die Konkurrenten schnell zum Mitbewerb. Von den Erzeugnissen der Weißblechindustrie geht nur ein sehr kleiner Teil ins Ausland, hauptsächlich in unmittelbar benachbarte Gebiete. Der Verband hat seine Produktion von 30000 Tonnen allmählich auf 45000 Tonnen gesteigert, und einzelne seiner Werke planen noch weitere Vergrößerungen und Produktionssteigerungen; die Ausfuhr betrug 1903 nur 1769 Doppelzentner. Daß die Organisation des Syndikats übrigens keine schlechte ist, mag auch daraus hervorgehen, daß der Weißblechverband, welcher jährliche Kündigung hat, 40 Jahre ununterbrochen erneuert wurde.

Es wäre gewiß von Interesse, auf die gesamten Verhältnisse des Weißblechverbandes, die ganz anders liegen als bei anderen Verbänden, hier näher einzugehen, ich muß es mir jedoch an dieser Stelle versagen, da es mich zu weit führen würde. Aus dem ganzen mir zur Verfügung gestellten Material konnte ich jedoch entnehmen, daß gerade in diesem Markte eine Verständigung zwischen Halbzeugindustrie und Fertigfabrikanten bei der vorhandenen Neigung beider Teile zu gütlichen Unterhandlungen zu erzielen sein müßte. Ich habe mich auch bei den Halbzeugverbänden auf die Behandlung der beiden eben erörterten Kartelle beschränken müssen, obwohl die Zahl der Kartelle der Halbzeugindustrie natürlich eine viel größere ist, da es mir, wie auch bei der Rohstoffindustrie, nicht auf die erschöpfende Behandlung der Details, sondern auf die Darstellung des für die Beziehungen zwischen diesen Industrieen einerseits und der Fertigindustrie anderseits Typischen ankam.

Aus den kurzen Auszügen, aus Rede und Widerrede über die hauptsächlichsten von der Fertigindustrie gegen die Industrie der Rohstoffe und Halbzeugfabrikate erhobenen Vorwürfe werden Sie wohl ersehen haben, meine Herren, daß hier zweifellos scharfe Interessenverschiedenheiten zu Tage getreten sind. Einerseits ist nicht zu verkennen, daß von den großen Rohstoffkartellen sowohl in der Preis- als Exportpolitik Fehler begangen wurden, deren Folgen für die Fertigindustrie von nachteiligem Einflusse waren, andererseits ist jedoch auch die Fertigindustrie bei Erörterung dieser Fragen von dem extrem einseitigen Standpunkt ihres eigenen Interesses ausgegangen, der wohl immer die Fehler der Gegenpartei ins Auge faßte, nicht aber auch die Vorteile des Systems anerkennen wollte. Die Kartelle können in Deutschland erst auf eine verhältnismäßig sehr kurze Zeit der Entwickelung zurücksehen, und derartige Wirtschaftsformen pflegen in ihren anfänglichen Stadien stets mit Fehlern und Mängeln behaftet zu sein, deren Beseitigung erst durch die mit der Zeit gewonnenen Erfahrungen möglich wird. Die Rohstoffverbände waren die ersten größeren Kartelle, die wir in Deutschland entstehen sahen; dies lag nicht daran, daß sie in der Erfassung der Vorteile dieser neuen Organisationsform die schnellsten waren, sondern daran, daß die Kartellierung der Rohstoffindustrie, wo es sich um gleichartige, meistens auch gleichwertige Produkte und um eine verhältnismäßig geringe Anzahl von Werken handelte, eine ungleich leichtere Arbeit ist, als

z. B. der Zusammenschluß von mehreren Fabriken der Fertigindustrie mit großen Unterschieden in der Qualität und Art der Produkte und einer in den verschiedensten Teilen des Reiches gelegenen großen Anzahl von in Betracht kommenden Kontrahenten. Während also die Kartellierung der Rohstoffindustrie sich verhältnismäßig schnell bewerkstelligen konnte und auch ein enger Zusammenschluß der in Betracht kommenden Werke möglich war, mußte die Fertigindustrie längere Zeit gewissermaßen zersplittert den großen Verbänden gegenüberstehen. Dies steigerte bei ihr natürlich ein Gefühl der Schutzlosigkeit, welches bei wirklicher oder vermeintlicher Benachteiligung dann doppelt empfunden wurde. Diese Verhältnisse haben sich inzwischen geändert; auch die Fertigindustrie konnte sich in den letzten Jahren, wenn auch erst nach Ueberwindung großer Schwierigkeiten, die Vorteile der neuen wirtschaftlichen Organisationsform zu Nutzen machen, und bereits heute umfaßt die deutsche Industrie eine große Reihe von Kartellen der Fertigindustrie. Es ist auch zweifellos, daß sich die neue Form der Vereinfachung der Produktion und des Absatzes auf dem Wege des engen wirtschaftlichen Zusammenschlusses noch weitere Wege bahnen wird, und je stärker und umfangreicher die einzelnen großen Industriegruppen sein werden, desto leichter wird sich eine Verständigung von Kartell zu Kartell, von Rohstoffverband zum Abnehmerverband gestalten. Andrerseits ist aus allen Kundgebungen der Rohstoffkartelle deutlich zu ersehen, daß auf dieser Seite der beste Wille zur Beseitigung ernstlicher Differenzen und zur Vermeidung von Fehlern vorhanden ist und daß nirgends die Absicht besteht, einen unbilligen Druck auf die Abnehmer zum Zweck der Erreichung eigener Vorteile auszuüben. Wenn also auf der einen Seite das ernste Bestreben vorherrschen wird, früher gemachte Fehler zu vermeiden und soweit möglich wieder gut zu machen, sowie in der gesamten Politik auch auf die berechtigten Wünsche und Interessen der Abnehmer entsprechend Rücksicht zu nehmen, während auf der anderen Seite — ich meine die Seite der Fertigindustrie — außer der heftigen Polemik gegen wirkliche und vermeintliche Fehler vom einseitigsten Interessenstandpunkt aus die zweifellos durch die Rohstoffkartelle auch den Abnehmern erwachsenden Vorteile mehr und mehr anerkannt werden, dann wird der Zeitpunkt nicht mehr fern sein, wo ein völliger Ausgleich der bestehenden Gegensätze möglich sein wird. Zu den Vorteilen werden wohl in erster Linie die Stabilität der Preise, die Ruhe und Sicherheit auf dem Inlandsmarkte durch Begrenzung des Produktionsumfanges und damit ein Schutz gegen allzu starke Krisen, da die Produktion dem jeweiligen übersehbaren Bedarf angepaßt werden kann, sowie die innere Kräftigung der Industrie durch den Ausbau ihrer Organisationsformen zu rechnen sein. Die zunehmende Kartellierung der Fertigindustrie und die dadurch wachsende Macht der Gesamtheit der Abnehmer wird noch weiter dazu beitragen, uns der Möglichkeit des Ausgleichs bestehender Interessenverschiedenheiten näher zu bringen.

Wenn ich dann kurz auf das Gebiet der Sozialpolitik übergehe, so hat sich gerade hier gezeigt, daß gemeinsame Aktionen der gesamten deutschen Industrie nicht nur notwendig, sondern auch möglich sind. Die stets im Wachsen begriffene Gewerkschaftsbewegung mit ihren steigenden Forderungen hat zuerst von der Fertigindustrie ihren Ausgang genommen, weil in ihr vorwiegend gelernte, d. h. schwerer ersetzbare Arbeitskräfte beschäftigt sind und angenommen wurde, daß ihre einen höheren Verkaufswert darstellenden Produkte am ehesten in der Lage sind, eine Belastung durch höhere Löhne zu vertragen. Tatsächlich mußten die Produzenten von Fertigfabrikaten sich auch allmählich zu ganz erheblichen Zugeständnissen herbeilassen, da sie ursprünglich nur ganz unvollkommen organisiert und dem starken Druck der organisierten Arbeiter nicht gewachsen waren. Gerade die Fertigindustrie hatte den größten Prozentsatz organisierter Arbeiter — es seien hier nur die Gewerkschaften der Metallarbeiter, Textilarbeiter, Buchdrucker, Bauarbeiter u. s. w. genannt —, und von ihr nahm die allgemeine Steigerung der Löhne und Verkürzung der Arbeitszeiten ihren Ausgang. Erst als auf dem Gebiete der für einen kräftigen Widerstand gegen Arbeiterbewegungen ungleich ungünstiger situierten Fertigindustrie breite Grundlagen für eine mächtige Gewerkschaftstätigkeit geschaffen waren, war eine Ausdehnung der Arbeiterbewegung auf die Industrie der Rohstoffe und Halbfabrikate möglich. Die Erfolge der Arbeiter gegenüber der schweren Industrie waren stets wesentlich geringer als in anderen Industriezweigen, da es sich hier um eine verhältnismäßig kleine Anzahl von Werken handelte, deren Organisation in festgefügte Arbeitgeberverbände viel leichter war, als in der Fertigindustrie der Zusammenschluß von Hunderten von Betrieben der verschiedensten Größe. Die Industrie der Rohstoffe und Halbfabrikate wäre also nicht nur im stande, durch eine straffe Organisation ihrer sämtlichen Werke ihre Interessen auf dem Gebiete der Arbeiterbewegung allein zu schützen, sondern sie setzt sich durch die Vereinigung mit den Arbeitgeberverbänden der Fertigindustrie auch gewissen Gefahren aus, da sie stets mit dem Uebergreifen einer Bewegung auf ihr Gebiet rechnen muß.

Trotzdem hat die schwere Industrie von Anfang an die Solidarität der industriellen Arbeitgeber wesentlich gefördert und sich stets zu größter Opferwilligkeit bereit erklärt. Ich möchte Sie hier nur daran erinnern, daß z. B. für die Arbeitgeber in Crimmitschau speziell aus dem Zentrum der Rohstoff- und Halbzeugindustrie in Rheinland und Westfalen ganz erhebliche Mittel zur Unterstützung bereitgestellt wurden, während umgekehrt bei dem großen Bergarbeiterstreik im Januar 1905 finanzielle Hilfe von den vom Streik betroffenen Werken nicht beansprucht wurde. Das Interesse der Arbeitgeberverbände der Fertigindustrie an der Mithilfe der schweren Industrie in der Arbeiterbewegung ist also zweifellos ein ungleich größeres als umgekehrt. (Sehr richtig!) Trotzdem haben die Verbände der Rohstoff- und Halbzeugindustrie sich nie einen Augenblick geweigert, an dem Ausbau der gemeinsamen Organisation mitzuarbeiten, weil sie sehr wohl den großen Wert einer absoluten Solidarität aller industriellen Arbeitgeber erkannten. Es ist nur bedauerlich, daß die großen Fortschritte, welche die deutsche Industrie insbesondere mit Bezug auf die Vereinheitlichung der Arbeitgeberorganisationen in den letzten Jahren gemacht hat, sich nicht ohne weiteres auf andere Gebiete übertragen ließen. Daß jedoch gerade im Kampf auf dem deutschen Arbeitsmarkt eine absolute Einmütigkeit aller gleichmäßig bedrohten deutschen Arbeitgeber, selbst wenn die Solidarität momentane wirtschaftliche Nachteile im Gefolge haben sollte, eine dringende Notwendigkeit ist, braucht wohl nicht erst besonders betont werden. (Sehr richtig!)

Auch die sozialpolitische Gesetzgebung in Deutschland greift immer tiefer in die Interessensphären der deutschen Industrie ein, und trotz aller bereits gebrachten Opfer — ich erinnere hier nur daran, daß allein die Gesetze über die Alters- und Invalidenversicherung uns alljährlich um viele Millionen im Konkurrenzkampf mit anderen Ländern benachteiligen — werden immer wieder neue Versuche gemacht, das Vertragsverhältnis zwischen Arbeitgeber und Arbeiter durch staatliches Eingreifen zu Ungunsten des ersteren zu verschieben. Die Fertigindustrie sollte, wenn sie zum Kampfe gegen die Rohstofffabrikanten auszieht, bedenken, daß sie gerade auf dem Arbeitsmarkt durch ihre Zwangslage den gelernten und schwer zu ersetzenden Arbeitern gegenüber immer diejenige gewesen ist, welche mit Verschlechterung der Arbeitsbedingungen für den Unternehmer durch umfangreiche Konzessionen vorangehen mußte, und daß sie dadurch auch die Lage des Arbeitsmarktes der Rohstoffindustrie dauernd nachteilig beeinflußt hat. Die glänzende Organisation der deutschen Arbeitgeber beweist jedoch, daß ein Ausgleich von Gegensätzen auch bei Industriezweigen, deren

Arbeitsbedingungen durchaus verschiedene sind, bei gutem Willen stets ermöglicht werden kann.

Auf dem Gebiete der Verkehrspolitik treten Gegensätze zwischen Rohstoff- und Fertigindustrie nur in geringem Umfange zu Tage. Die Tarifpolitik der Eisenbahnen in Deutschland wird von einer Reihe von Gesichtspunkten geleitet, unter denen der einer Differenzierung der Interessen der schweren und leichten Industrie keine Rolle spielt. Wenn trotzdem einzelne Industriezweige der Fertigindustrie — wie z. B. in Bayern – bei Bezug von Rohstoffen benachteiligt sind, so ist der Grund hierfür lediglich in der geographischen Lage der betreffenden Fabriken zu suchen. Auch unter dem so viel beklagten Wagenmangel haben beide Teile gleichmäßig zu leiden, ohne eine Beseitigung dieses Uebels erreichen zu können. Ein Gegensatz der Interessen hat sich jedoch in der Politik der Wasserstraßen ergeben. Die Fertigindustrie, welche selbst nur wenig in die Lage kommt, Wasserstraßen für ihre Produkte, deren höherer Wert meistens auch die teurere Eisenbahnfracht verträgt, in größerem Umfang in Anspruch zu nehmen, sieht in den Wasserstraßen einen sehr erstrebenswerten Weg für die Verbilligung der Frachten beim Bezug ihrer Rohprodukte. Andererseits muß die Rohstoffindustrie in einer durch eine neue Wasserstraße plötzlich ermöglichten Herabsetzung der Frachttarife insofern eine Gefahr sehen, als damit der ausländischen Rohstoffindustrie die Möglichkeit zu erheblich günstigerer Einfuhr ihrer Artikel geschaffen und damit eine Paralysierung der auf dem Gebiete der Handelspolitik mühsam errungenen Zollsätze herbeigeführt wird. Tatsächlich wurde auch seinerzeit, als das preußische Mittelkanalprojekt vor einigen Jahren zum erstenmale im Abgeordnetenhause zur Vorlage kam, allgemein in der Presse behauptet, daß der Kanal in den Agrariern und den Vertretern der schweren Industrie seine erbittertsten Feinde habe. Tatsächlich wurden auch aus den Kreisen der Rohstoffindustrie Stimmen laut, die die Durchführung der Kanalprojekte als eine Gefährdung ihrer Existenz bezeichneten. Das Projekt kam dann aus politischen Gründen zu Fall, und als es nach einigen Jahren wieder eingebracht wurde, scheinen sich auch die Vertreter der schweren Industrie mit dem großzügigen Wasserstraßenplane in Anbetracht der für das ganze Land und die gesamte Industrie zu erwartenden wirtschaftlichen Vorteile befreundet zu haben, wenigstens ist von dieser Seite ein ernstlicher Widerstand gegen das Projekt, das dann auch zur Annahme kam, nicht geleistet worden.

Meine Herren! Wie ich mir schon anfangs zu erwähnen erlaubte, können meine Ausführungen natürlich keinen Anspruch darauf machen, die Beziehungen zwischen der Industrie der Rohstoffe und Halbfabrikate und der Fertigindustrie erschöpfend dargestellt zu haben. Vielleicht ist es mir jedoch gelungen, Sie anzuregen, die verschiedenen Gesichtspunkte einer näheren Betrachtung zum Zweck der Ermittelung zu unterziehen, ob die in manchen Fällen zweifellos vorhandenen Interessenverschiedenheiten zwischen schwerer und leichter Industrie wirklich so beträchtlich sind, daß es sich nicht verlohnen würde, durch eine gemeinsame Arbeit der gesamten deutschen Industrie einen entsprechenden Ausgleich zu schaffen. Die Stellung der deutschen Industrie ist eine so außerordentlich schwierige und der Kampf um ihre weitere gedeihliche Entwickelung ist ein so harter (hört! hört!), daß es dringend des engsten Zusammenschlusses aller Industriellen ohne Unterschied der Branchen bedarf, um uns die für eine entsprechende Wahrnehmung unserer Interessen notwendige Position zu erringen. Darüber sind wir uns ja wohl alle klar, daß der wirtschaftliche und politische Einfluß, den die Industrie heute in Deutschland besitzt, in keiner Weise dem Umfang der von ihr vertretenen Interessen und ihrer Bedeutung für unsere gesamte Volkswirtschaft entspricht. (Bravo!)

Diese mangelnde Machtstellung ist aber lediglich daraus zu erklären, daß es bis jetzt noch nicht möglich war, wenn es galt, um vitale Interessen zu kämpfen, unseren Gegnern das Vollgewicht der geeinten deutschen Industrie entgegenzustellen. Immer wieder ist es denjenigen gelungen, die ein Interesse daran hatten, Unfrieden in unsere Reihen zu säen, mit Schlagwörtern, zu denen auch das von den unüberbrückbaren Gegensätzen zwischen schwerer und leichter Industrie gehört, unsere Kräfte zu zersplittern. Im Augenblick der Entscheidung konnten dann unsere Gegner einen leichten Sieg über die unter sich uneinigen verschiedenen Gruppen der deutschen Industrie davontragen — zum vielleicht unersetzlichen, jedenfalls schwer gutzumachenden Schaden der Gesamtinteressen. Wenn wir andererseits die Landwirtschaft und deren Stellung im Deutschen Reiche betrachten, müssen wir sehen, daß sie in allen wichtigen Fragen, so sehr die Ansichten der einzelnen auseinandergehen mögen, stets ein geschlossenes Ganzes bildet und ihren politischen und wirtschaftlichen Einfluß durch die Macht ihrer Einigkeit entsprechend zu sichern weiß. (Sehr richtig!) Und die Gegensätze der Interessen innerhalb der Landwirtschaft sind gewiß nicht geringer als innerhalb der Industrie; man denke nur daran, daß zum Beispiel die landwirtschaftlichen Großbetriebe infolge ihrer modernen maschinellen Einrichtungen, ihrer festen Organisation und ihrer Kapitalskraft viel billiger produzieren und viel besser verkaufen können als der kleine Bauer, für den die Großbetriebe unter

Umständen eine erhebliche Interessenschädigung bedeuten. Alle aus solchen Gegensätzen entstehenden Zwistigkeiten hindern die Landwirtschaft jedoch nicht, in allen Fällen, wo es gilt, gemeinsame Interessen zu vertreten, als geschlossene Macht auf dem Plane zu erscheinen. Die Erfolge dieser Einheit sind denn auch wahrlich keine kleinen gewesen.

Man möge einwenden, daß die deutsche Industrie noch verhältnismäßig jung sei und daß es erst geraumer Zeit bedürfe, bis alle Gegensätze völlig geklärt werden könnten.

Meine Herren! Wenn auch unsere industrielle Entwickelung in Deutschland noch auf keinen sehr langen Zeitraum zurückblicken kann, so glaube ich doch, daß die Zeit genügt hat, um uns durch Schaden klug werden zu lassen. Es soll nicht geleugnet werden, daß sich Gegensätze der Interessen innerhalb der einzelnen Industriegruppen herausbilden können, bei der schnellen Entwickelung unserer wirtschaftlichen Organisationsformen, z. B. des Kartellwesens, sind zweifellos auch viele Fehler begangen worden; aber eines ist sicher: Nirgends fehlt innerhalb der einzelnen industriellen Gruppen der gute Wille, die Hand zum gemeinsamen Ausgleich vorhandener Gegensätze zu bieten, auch die besten Grundlagen für Schaffung einer einheitlichen Organisation der gesamten deutschen Industrie sind vorhanden — ich brauche das auf einer Delegiertenversammlung des Centralverbandes Deutscher Industrieller erst nicht besonders zu betonen —; es fehlt nur noch, daß alle diejenigen, die jetzt als Sonderbündler grollend abseits stehen, angesichts der täglichen Vorgänge zu der Einsicht kommen, daß die Zukunft unserer deutschen Industrie nur in einer zielbewußten absolut einheitlichen Interessenpolitik liegen kann, und daß wir nur von einer einmütigen Entfaltung aller Kräfte die allmähliche Eroberung der unserer wirtschaftlichen Bedeutung entsprechenden Stellung im Reiche erhoffen können. (Lebhafter Beifall.)

Vorsitzender: Meine Herren, ich eröffne die Diskussion über den Vortrag des Herrn Dr. Kuhlo und erteile das Wort Herrn Kommerzienrat Funcke.

Kommerzienrat **Funcke**-Hagen: Meine Herren, ich müßte als Mann, der mitten in diesen Verhältnissen steht, sehr tief in die Sache eingehen, wenn ich auf alle die Punkte antworten wollte, die eben vorgebracht worden sind. Ich will indessen angesichts der knappen Zeit davon absehen. Ich möchte überhaupt die Vergangenheit ruhen lassen, aber doch darauf hinweisen, daß bezüglich der Zollfragen eine grundsätzliche Verschiedenheit in den Anschauungen zwischen der Großindustrie und der weiterverarbeitenden Industrie hier im Centralverbande nicht in die Erscheinung getreten ist. Die weiterverarbeitende Industrie hat sich redlich bemüht, in den Zollfragen Hand in Hand mit den Rohstoffindustrieen zu gehen. (Geschäftsführer Bueck: Sehr gut!) Sie hat es getan, trotzdem sie ihren Berufsgenossen viele Mißerfolge in Gestalt hoher Zölle im Auslande und teilweise verminderter, zum Teil sehr geringer Zölle für das Inland nach Hause brachte.

Meine Herren, ich möchte die Vergangenheit ruhen lassen, aber ich muß doch noch einmal darauf verweisen, daß in einer Versammlung von Vertretern der weiterverarbeitenden Industrie in Düsseldorf durch einen Beschluß darauf hingewiesen worden ist, daß die Verhältnisse für die Rohstoffindustrie in den Jahren 1900 bis 1904 sehr viel günstiger gewesen sind als für die weiterverarbeitende Industrie. Meine Herren, ich lege darauf für die Zukunft großen Wert. — Durch die Verhältnisse auf den verschiedenen Märkten, durch die zum Teil zu hohen Rohmaterialienpreise, hat sich die weiterverarbeitende Industrie gezwungen gesehen, in den Jahren 1901 bis 1903, auch wenigstens zum Teil 1904 und 1905 einen großen Teil ihrer Maschinen stillstehen zu lassen, um nicht mit noch größeren Verlusten zu arbeiten, als sie es tatsächlich schon getan hat.

Jetzt, meine Herren, sind andere Zeiten gekommen, und ich habe mich gefreut, daß ich den Widerspruch gegen die Rohmaterialienverbände oder vielmehr sagen wir gegen die Mitglieder der Rohmaterialienverbände — das ist ganz scharf auseinanderzuhalten — zum Teil habe ruhen lassen können. Aber nun zieht an dem Horizont unserer Industrie eine außerordentlich schwere Wetterwolke auf. Wir sehen, daß den weiterverarbeitenden Industrien, jetzt, wo sie einmal Gelegenheit haben, voll zu arbeiten, das Rohmaterial zu fehlen beginnt. Wir haben — es ist das auch in anderen Industrieen der Fall und namentlich bei den auf den Bezug von Händlern angewiesenen Fabrikanten — einen Mangel an Kohlen schon heute in empfindlichstem Maße zu erleiden, und wenn das in den Sommermonaten stattfindet, in denen keine Hausbrandkohlen gebraucht werden — ja, meine Herren, wie soll das dann erst im Herbst werden, wo Hausbrandkohle in großem Maßstabe verlangt wird?

In gleicher Weise scheint sich auch in der Eisenindustrie erheblicher Mangel an Rohstoffen geltend zu machen, und da, meine Herren, wird es der weiterverarbeitenden Industrie wohl nicht zu verargen sein, wenn sie mit einer gewissen Erbitterung auf die Verkäufe nach dem Auslande sieht, die Rohmaterialien zu sehr billigen Preisen an die Fabrikanten des Auslandes verschleuderten, auf die alten Verträge, die noch hängen und ausgeführt werden müssen, während es doch so außerordentlich wichtig wäre, zunächst die Industrie im Inlande mit Rohstoffen zu versorgen.

In einer großen Versammlung, wie der heutigen, können diese Fragen nicht erschöpfend erledigt werden. Es ist der Vorschlag gemacht worden, Kommissionen zu bilden. Ich erachte denselben für dringend, und zwar, da in den Bureaus der Rohstoffverbände eine freie Aussprache nicht so leicht möglich ist, an neutraler Stelle und eventuell unter dem Vorsitz neutraler Persönlichkeiten — eine wiederholte Aussprache zwischen der weiterverarbeitenden Industrie und den Rohstoffverbänden; einerseits, damit die Rohstoffverbände noch mehr in der Lage sind, der einseitigen Geltendmachung der Interessen ihrer eigenen Mitglieder zum Nachteil ihrer eigenen Verbände mehr entgegentreten zu können, und andererseits, damit auch die weiterverarbeitende Industrie in der Lage ist, ihre allgemeinen und besonderen Wünsche und Erfordernisse mehr zur Geltung zu bringen.

Ich glaube, meine Herren, wenn wir darauf hinwirken und wenn es das Resultat unserer heutigen Beratungen sein würde, daß es zu einer häufigen Tagung derartiger Kommissionen kommt, dann könnten wir mit dem Resultat voll zufrieden sein. (Beifall.)

Reichs- und Landtagsabgeordneter Dr. **Beumer**-Düsseldorf: Meine Herren, auch ich will die Vergangenheit ruhen lassen, aber gegen einen Ausspruch des Herrn Kommerzienrat Funcke muß ich hier doch Einspruch erheben. Er betrifft das Verhalten der Großindustrie bei der Vorbereitung des neuen Zolltarifs und bei dem Versuch, einen besseren Zolltarif zu stande zu bringen.

Meine Herren, wir haben im „Verein Deutscher Eisen- und Stahlindustrieller“ alle Vorbereitungen Hand in Hand mit der Fertigindustrie in die Wege geleitet, und die sämtlichen Anträge der Kleineisenindustrie sind von der Großindustrie befürwortet worden. Wie dann der weitere Verlauf sich gestaltete, das habe ich selbst am besten beobachten können, da ich Mitglied der Zolltarifkommission des Reichstags war. Ich selbst habe die Anträge der Fertigindustrie aus der Eisenbranche in der Zolltarifkommission aufgenommen, bin damit aber den Hyperagrariern, einigen Zentrumsleuten und namentlich der Sozialdemokratie und der übrigen Linken gegenüber unterlegen. Dann kam noch dazu der Antrag Kardorff, der ja eine politische Notwendigkeit war, der aber beispielsweise in der Maschinenindustrie die Zölle in einer — ich kann nicht anders sagen — rein mechanischen Weise herabsetzte, ohne auf die inneren Verhältnisse dieser Industrie irgend welche Rücksicht zu nehmen. Daher, meine Herren, ist das ganze Unglück gekommen, an dem die Großeisenindustrie auch nicht die mindeste Schuld trägt.

Im übrigen bin ich vollständig namentlich auch mit dem Herrn Vortragenden betreffs der Interessensolidarität der Industrie einverstanden und möchte nur noch das eine Moment zum Schluß hervorheben, daß es doch auch der Fertigindustrie und insbesondere der Kleineisenindustrie niemals gut gegangen ist, wenn die schwere Industrie der Kohle sowohl wie des Eisens keine Beschäftigung hatte. (Sehr wahr!)

Unter diesem Mangel der Beschäftigung der schweren Industrie hat die Kleineisenindustrie stets in empfindlichster Weise zu leiden gehabt, und deshalb kann nur aus dem Zusammengehen der schweren Industrie mit der Fertigindustrie uns das Heil erblühen, das wir gewiß alle im Interesse unserer vaterländischen Wirtschaft erwünschen. (Beifall.)

Handelskammersekretär **Gerstein**-Hagen: Die beiden Herren Vorredner haben ihre Ausführungen damit begonnen, daß sie die Vergangenheit ruhen lassen wollten. Tatsächlich haben sie es aber nicht getan, und es läßt sich auch bei solchen Verhandlungen, wie wir sie heute haben, nicht vermeiden, daß wir von der Vergangenheit sprechen.

Ich glaube, die Ausführungen meines geehrten Herrn Vorredners beruhen auf einem Mißverständnis, denn Herr Funcke hat lediglich die Tatsache, daß die Vertreter der Fertigindustrie mit sehr schlechtem Ergebnis aus den damaligen Verhandlungen nach Hause gegangen sind, festgestellt; einen Vorwurf der Großindustrie gegenüber habe ich aus den Ausführungen des Herrn Funcke nicht herausgehört.

Ich möchte aber auch noch auf die Bemerkung des Herrn Referenten zurückkommen, daß die Industrie damals das bedauerliche Schauspiel geboten habe, nicht einheitlich im Kampfe wegen des Zolltarifs aufgetreten zu sein. Der Herr Referent hat jedenfalls diese Kenntnis aus einigen Reichstagsverhandlungen geschöpft und nicht aus den damals so sehr eingehend geführten Vorverhandlungen. Herr Dr. Beumer hat schon ganz richtig angeführt, daß die Fertigwarenindustrie im Centralverbande durchaus gehört und vollständig zu ihrem Rechte gekommen ist und daß nach Möglichkeit versucht worden ist, unsere damals gestellten Anträge auch in den späteren Verhandlungen durchzusetzen. Er hat auch die Gründe angegeben, aus denen es nicht möglich war. Ich glaube, diese Legendenbildung dürfen wir doch hier in unserem Protokoll nicht durchgehen lassen, daß wir in den vorbereitenden Verhandlungen nicht einig gewesen sind. Es sind lediglich wenige Reichstagsabgeordnete gewesen, namentlich die freisinnigen Abgeordneten Dr. Müller-Sagan und Professor Eickhoff, die andere Interessen vertreten und andere Anträge gestellt haben, sowohl in der Zolltarifkommission wie später im Reichstag. Die beiden Herren haben, soweit mir bekannt geworden ist, ihre

Informationen aus Quellen geschöpft, die zum geringsten Teil aus der reinen Industrie kamen, sondern zum größten Teil aus den Kreisen der Exporthändler und einzelner vorwiegend für den Export arbeitenden Fabrikanten. Der Abgeordnete Müller-Sagan ist so ehrlich gewesen, später in einer großen Volksversammlung die schweren gegen die Handelskammer Hagen in Zeitungsartikeln gerichteten Vorwürfe zu widerrufen, nachdem er bei mir die Akten eingesehen hat. (Hört, hört!) Der Abgeordnete Eickhoff hat die in der Zolltarifkommission gegen uns geäußerten unwahren Behauptungen, trotzdem ihm die Unrichtigkeit bekannt geworden sein muß, bisher nicht widerrufen. (Hört, hört!)

Also, meine Herren, die Industrie ist in den Hauptpunkten einig gewesen, und ich spreche auch hier die Hoffnung aus, daß wir bei späteren Verhandlungen wieder einig sein werden. Es liegt allerdings jetzt bei den großen Rohstoffsyndikaten, ob diese Einigkeit erhalten bleibt und ob der Ausbau der Einigkeit noch weiter möglich ist, denn die Zahl der früher überzeugten Schutzzöllner steigt bedenklich, die den Freihandel gegenüber der fortschreitenden Vertrustung, der Verteuerung der Halbfabrikate und dem Aufsaugen der Fertigindustrie durch die gemischten Werke als das kleinere Uebel betrachten. Ob es später möglich sein wird, in derselben Weise vorzugehen, wie bei den letzten Verhandlungen, das weiß ich nicht. Wir haben ja noch eine ganze Reihe von Jahren bis dahin.

Augenblicklich liegen die Schwierigkeiten vor, die Herr Kommerzienrat Funcke eben geschildert hat. Auch ich versage es mir, heute darauf näher einzugehen. Wir wollen diese Sachen heute nicht vor der breiten Oeffentlichkeit verhandeln. Aber ich spreche den Wunsch und die Hoffnung aus, daß es uns gelingen möge, in kleinerem Kreise vor wirklich unparteiischen Sachverständigen die Schwierigkeiten zu erörtern und sie aus der Welt zu schaffen.

Also ich schließe damit, daß ich nochmals den Wunsch wiederhole, daß es uns möglich sein wird, später in derselben Weise zusammenzuarbeiten, wie es bisher geschehen ist. (Beifall.)

Kommerzienrat **Funcke**-Hagen: Ich hatte mich vorerst nur zum Worte gemeldet, um die irrtümliche Annahme des Herrn Dr. Beumer richtig zu stellen, als ob ich den Rohstoffsyndikaten zuschieben wollte, daß die fertigverarbeitende Industrie bei den Zollverhandlungen schlecht abgeschnitten hätte. Herr Gerstein hat das aber schon klargestellt.

Auf einen Punkt möchte ich noch kurz eingehen, und das sind die eben geäußerten Verhältnisse in Bezug auf die Arbeiter. Meine Herren, es ist sehr schwer, eine Einigkeit der Arbeitgeber herbeizuführen, wenn es sich um eine Menge kleiner Betriebe handelt. Wir haben uns große Mühe gegeben — ich habe das in der letzten Versammlung der Arbeitgeberverbände eingehend dargelegt — in unserer Umgebung die kleinen Fabrikanten zusammenzuscharen, und wir haben uns bemüht, Anschluß zu finden an die großen Werke nicht nur in unserem Interesse allein, sondern im Gesamtinteresse. Es ist gar keine Frage, daß in unseren Kreisen die Verhältnisse zwischen Arbeitgebern und Arbeitnehmern zum Teil bessere sind als an einzelnen Stellen der Großindustrie; ich muß dabei auf das vorige Jahr hinweisen. Wenn nun gesagt wird, die Großindustrie ist immer bereit gewesen, auch die kleinere zu unterstützen — ja, meine Herren, in der Unterstützung der kleinen Industrie liegt auch das wesentliche eigene Interesse, die Wirkungen der sozialpolitischen Agitation herabzumindern. Heute liegt die Gefahr vor, daß, wenn die kleinen Fabrikanten immer mehr in Bedrängnis kommen, sie in dem Kampfe mit den Sozialdemokraten erlahmen. Wenn sie zum Erliegen kommen, dann wird auch manch einer, der heute noch treu zu Kaiser und Reich steht, zur Sozialdemokratie hinübergerissen werden. Dafür sorgen die Sozialdemokraten durch ihre Agitation. Lassen Sie uns Hand in Hand auch in dieser Frage arbeiten. Lassen Sie uns nicht abwägen und markten, was der eine zu viel tut oder was der andere zu viel tut, sondern gerade auch auf diesem Gebiete, wo es unumgänglich notwendig ist, sehen, die Gesamtindustrie zusammenzufassen. (Beifall.)

Generalsekretär **Bueck**-Berlin: Meine Herren, in Bezug auf die Vorbereitungen für die neuen Zölle und die neuen Handelsverträge sind ja die Sachen alle durch meine Hand gegangen, und ich kann hier bestätigen, was ja auch von den Rednern vorher gesagt worden ist, daß der Centralverband in hohem Maße seine Schuldigkeit in Bezug auf die fertigverarbeitende Industrie getan hat. Meine Herren, das sind die Industrieen, die dem Centralverband, wenn ich mich so ausdrücken darf, die meiste Arbeit überhaupt in allen Fragen machen, eine Arbeit, die gern vom Centralverband geleistet wird.

Aber in Bezug auf die Zölle kann ich Ihnen noch eine ganz besondere Mitteilung machen, die mir von unserem Herrn Vorsitzenden geworden ist, der Mitglied des sogenannten Wirtschaftlichen Ausschusses gewesen ist. In dem Wirtschaftlichen Ausschusse sind die Anträge der fertigverarbeitenden Industrie alle zu ihrem Rechte gekommen, sie sind alle angenommen und berücksichtigt worden. Wenn nachher die Verhältnisse sich anders gestaltet haben, der ganze Gang unserer Politik und der parlamentarischen Verhältnisse, so schieben Sie die Schuld nicht auf den Wirtschaftlichen Ausschuß, der ja eigentlich ein Kind des

Centralverbandes Deutscher Industrieller gewesen ist, und schieben Sie sie nicht auf den Centralverband. (Kommerzienrat Funcke: Nein!) Ich glaube, der hat seine Schuldigkeit in jeder Beziehung getan.

Was die Arbeiterverhältnisse betrifft, so wird es Ihnen und muß es Ihnen bekannt sein, meine Herren, daß der Centralverband gerade darauf in erster Linie sein Augenmerk richtet, daß ein Zusammenschluß — wenn ich mich einmal so ausdrücken darf — zwischen den großen Arbeitgebern und den kleinen Arbeitgebern stattfindet, um eben die Kräfte auszugleichen in dem schweren Kampfe, der der ganzen Arbeitgeberschaft aufgedrungen wird durch die sozialdemokratischen Angriffe, und ich gebe Herrn Funcke vollkommen recht, daß, je kleiner die Industrieen sind — dem Umfange der einzelnen Werke nach, meine ich —, es um so schwerer wird, diesen Kampf mit den Arbeitern durchzuführen. Wir sehen, daß das Handwerk die allergeringste Widerstandsfähigkeit den Sozialdemokraten gegenüber an den Tag legen kann. Aber eben dann sollen die großen Industrieen mit ihrem Wirken und ihrer Kraft der kleinen Industrie in Einigkeit beistehen, damit gemeinschaftlich gearbeitet werden kann.

Und nun zum letzten, meine Herren. Herr Funcke, der Herr Kommerzienrat Funcke — mein hochverehrter alter Freund wird mir das nicht übel nehmen, wenn ich den Titel einmal vergesse — hat hervorgehoben, daß es überaus wünschenswert wäre, daß, wenn überhaupt Gegensätze zwischen der großen und kleinen Industrie, zwischen der schweren und leichten Industrie, zwischen dem einen und dem anderen Kartell hervortreten, man durch eine Kommission oder durch Kommissionen eine freundschaftliche Aussprache und einen freundschaftlichen Ausgleich herbeiführen möge. Meine Herren, der Centralverband hat seine Bestrebungen aufs äußerste nach dieser Richtung hin gelenkt. Meine Herren, der Centralverband hat eine besondere Stelle für das Syndikatswesen geschaffen, hat einen besonderen Beamten dafür angestellt, einen gebildeten Nationalökonomen, der in diesen Sachen bewandert ist. Der Centralverband hat eine Kartellkommission gebildet und dieser hauptsächlich die Aufgabe zugeteilt, in dem von Herrn Kommerzienrat Funcke angedeuteten Sinne zu wirken. Diese Kommission hat sich auch bestrebt, das zu tun. Sie hat bisher noch nicht viel Gegenliebe in den Kartellen gefunden. Das ist aber weder die Schuld des Centralverbandes, noch seiner Kommission, die besteht, fortbesteht und demnächst, vielleicht im Herbst, auch wieder zusammentreten wird. Sollte es aber notwendig sein, so bitte ich die Vertreter beider Industrieen, der schweren wie der leichten, sich an diese Kommission vertrauensvoll zu wenden, wo sie unter Führung des unparteiischen Präsidiums des Centralverbandes sicher mindestens den guten Willen erkennen werden, einen völlig befriedigenden Ausgleich zu schaffen. (Beifall.)

Vorsitzender: Meine Herren, das Wort wird nicht mehr gewünscht. Das Schlußwort hat der Herr Referent.

Syndikus Dr. **Kuhlo**=München (im Schlußwort): Ich möchte natürlich nicht dazu beitragen, die Diskussion noch einmal neu zu entfesseln. Ich will nur ein Mißverständnis kurz richtigstellen. Ich habe nicht gesagt oder sagen wollen in meinem Referat, daß sich eine Uneinigkeit ergeben habe zwischen der Fertigindustrie und der Rohstoffindustrie innerhalb des Centralverbandes Deutscher Industrieller anläßlich der Zollverhandlungen, sondern, daß diese Uneinigkeit hervorgerufen worden ist durch außerhalb des Centralverbandes stehende Kreise. Es ist mir wohl bekannt, daß innerhalb des Centralverbandes die Wünsche vollständig einheitlich zur Vertretung gekommen sind, daß die Differenzen, die da bestanden haben, vollständig ausgeglichen waren, und daß die Wünsche des Centralverbandes sowohl im Wirtschaftlichen Ausschuß als auch später einheitlich vertreten wurden. Wenn ich von Uneinigkeit sprach, so meinte ich da außerhalb des Centralverbandes stehende Kreise, in erster Linie, wie Ihnen wohl bekannt, den Handelsvertragsverein, der einen vollständig anderen Standpunkt eingenommen hat und wiederholt die vom Centralverband vertretenen Anschauungen bekämpft hat.

Vorsitzender: Meine Herren, das Wort wird nicht mehr gewünscht zu dieser Frage.

Damit ist Punkt IV der Tagesordnung und die Tagesordnung selbst erledigt.

Meine Herren, hoffentlich wird allseitig dem Wunsche nachgekommen werden, den die letzten Herren Redner zum Ausdruck gebracht haben, daß die Industrie Hand in Hand gehen möge in den sozialpolitischen Fragen sowohl wie in allen Industriefragen.

Meine Herren, damit ist unsere geschäftliche Tätigkeit erledigt. Gestatten Sie, daß ich als Schluß ein ewiges vivat, floreat und crescat der Stadt Nürnberg, in welcher wir hier zu unserer Freude sein dürfen, ausbringe. Die Stadt Nürnberg, sie lebe hoch! hoch! hoch!

(Die Anwesenden stimmen in das Hoch ein.)

Ich schließe die Sitzung.

Schluß gegen 2 Uhr.

Rundschreiben und Eingaben

des

Centralverbandes Deutscher Industrieller aus dem Jahre 1906.

A.

Rundschreiben.

Wir veröffentlichen wiederum eine Anzahl unserer Rundschreiben, die auch über den Zeitpunkt ihres Anlasses hinaus von gewissem Interesse sein dürften.

1.

Berlin, den 26. Januar 1906.

Die politischen Verhältnisse in Ostasien haben durch den von Japan siegreich gegen Rußland geführten Krieg eine wesentliche Umgestaltung erfahren, deren erhebliche Einwirkung auf die wirtschaftliche Lage nicht ausbleiben kann. Japan ist in unglaublich schneller Entwickelung in die Reihe der Großstaaten eingetreten und damit die Vormacht der ostasiatischen Völkerschaften geworden. Obgleich über die gegenwärtige wirtschaftliche Lage Japans auch recht ungünstige Urteile laut werden, so ist doch anzunehmen, daß sich dieses Land ähnlich schnell auch industriell zu einer Macht entwickeln wird, mit der zunächst auf dem ostasiatischen Markt und sehr bald wohl auch auf dem Weltmarkt zu rechnen sein wird.

Das hauptsächlichste Absatzgebiet in Ostasien bildet zur Zeit China mit seinen mehr als 400 Millionen Einwohnern. Der Verbrauch dieses Landes an auswärtigen Erzeugnissen ist von 172 Millionen Taels im Jahre 1895 auf 357 Millionen Taels im Jahre 1904 gestiegen, also in starker Zunahme begriffen. Es ist wohl mit Sicherheit anzunehmen, daß der von Japan durchgemachte schnelle Entwickelungsgang nicht ohne Einfluß bleiben wird auf das rassenverwandte Volk der Chinesen, und daß demgemäß der Fortschritt zu höheren Kulturstufen sich in China schneller als bisher vollziehen wird. Damit werden sich auch die auswärtigen Handelsbeziehungen vermehren und erweitern.

Der an sich geringe Anteil Deutschlands an der Gesamteinfuhr Chinas ist relativ zurückgegangen, er betrug 1895 = 6,2 %, 1904 nur noch 5,7 %. An Baumwollenwaren, die von China, als Haupteinfuhrartikel, in Höhe von 365 Millionen Mark bezogen werden, ist Deutschland nur mit 1,7 Millionen = ½ % beteiligt.

Diese geringe Beteiligung Deutschlands an der Einfuhr Chinas ist keineswegs durch die Verhältnisse unabwendbar bedingt, denn in einzelnen Artikeln, wie Posamentierwaren, Nadeln und Farbstoffen, beherrscht Deutschland den chinesischen Markt, in anderen, wie beispielsweise Wollen-, Metallwaren und Waffen ist der Absatz nicht unbedeutend.

Es ist bekannt, daß England den größten Teil der Einfuhr Chinas bestreitet; höchst bemerkenswert ist es aber, daß die Vereinigten Staaten die Bedeutung des chinesischen Marktes voll erfaßt zu haben und sich mit Erfolg einen immer größeren Anteil an demselben zu sichern scheinen. Im Jahre 1895 waren die Vereinigten Staaten an der chinesischen Einfuhr nur mit 2,9 % beteiligt; ihr Anteil war 1904 auf 8,1 % gestiegen. Der Anteil Japans war in derselben Zeit von 4,8 auf 12,3 % angewachsen. Dieses schnelle Steigen der Ausfuhr Japans nach China zeigt, wie gefährlich der Wettbewerb der Japaner auf dem ostasiatischen Markte sich in Zukunft gestalten wird.

Das Zurückbleiben Deutschlands auf dem ostasiatischen Markte ist in neuerer Zeit — wir verweisen auf den Artikel „Die deutsche Industrie in Ostasien“ in der Nr. 51 vom 22. Dezember 1905 unserer „Deutschen Industrie-Zeitung“ — der deutschen Industrie zur Last gelegt worden, dem Mangel an Anpassungsvermögen und der mangelhaften Erkenntnis der für China geeigneten Waren. Auf diesen Umstand soll es zurückzuführen sein, daß die zahlreichen in China ansässigen und teilweise dort eine hervorragende Stellung einnehmenden deutschen Handelshäuser meistens gezwungen sind, andere, nicht deutsche Waren zu vertreiben.

Obgleich dieses abfällige Urteil über die deutsche Industrie von einer Seite stammt, die als kompetent in der Beurteilung chinesischer Verhältnisse anerkannt wird, so möchten wir in dem vorliegenden Falle doch die Berechtigung des Urteils anzweifeln; denn das Anpassungsvermögen an die Bedürfnisse fremder Märkte wird nicht selten gerade als ein Vorzug der deutschen Industrie anerkannt, auf den die bedeutenden Erfolge im Wettbewerb mit anderen Industrievölkern zurückgeführt werden. Diese Verschiedenheit der Auffassung hinsichtlich derart maßgebender Verhältnisse gibt uns wohl genügenden Grund zu der Annahme, daß die Bedingungen, unter denen sich der Absatz in China, wie überhaupt auf dem ostasiatischen Markte vollzieht, nicht genügend klar erkannt werden. Mit Bestimmtheit glauben wir aber voraussetzen zu sollen, daß die eingangs erwähnten Umgestaltungen der neuesten Zeit Verhältnisse und Beziehungen neu geschaffen haben, deren Kenntnis unbedingt erforderlich ist, um mit größerem Erfolge, als bisher, den Wettbewerb auf den ostasiatischen Märkten zu bestehen. Dabei ist nicht zu übersehen, daß vorläufig auch Japan noch weit davon entfernt ist, seinen Bedarf an Industrieerzeugnissen selbst zu decken und daß es sich wohl verlohnen dürfte, auch bezüglich dieses Absatzgebietes die veränderten Verhältnisse und Beziehungen ernst ins Auge zu fassen.

Erwägungen dieser Art haben uns dazu geführt, unseren Mitgliedern die Frage vorzulegen, ob dem Centralverband nicht die Pflicht obläge, zur Erforschung der für den Absatz deutscher Industrieerzeugnisse auf dem ostasiatischen Markte, besonders in China und Japan, maßgebenden Verhältnisse und Bedingungen Sachverständige zu entsenden. Hieran knüpft sich die weitere Frage, ob, wenn die Entsendung für zweckmäßig und notwendig erachtet wird, die Mitglieder geneigt sind, dem Centralverbande zu diesem Zwecke besondere Mittel zur Verfügung zu stellen und auf welchen Betrag von dem einzelnen Mitgliede etwa zu rechnen sein würde. Dabei möchten wir nicht unerwähnt lassen, daß wir Grund zu der Annahme haben, daß auch noch andere kapitalkräftige, an der deutschen Ausfuhr interessierte Kreise bereit sein dürften, das Unternehmen zu unterstützen.

Unsere Mitglieder werden sich erinnern, daß im Jahre 1897 zu demselben Zwecke, und unter wesentlicher Beteiligung des Centralverbandes an Mitteln und Arbeit eine große Kommission nach Ostasien entsendet wurde. Das Ergebnis dieser Aktion ist dadurch sehr wesentlich geschmälert worden, daß das lediglich zur Berichterstattung entsendete Mitglied der Kommission sich seiner Verpflichtung, einen abschließenden Gesamtbericht abzufassen, entzogen hat. Die vier Spezialberichte, die der Centralverband einigen anderen Mitgliedern der Kommission zu danken hatte, haben in den Kreisen der deutschen Exportindustrie und des Außenhandels sehr große Beachtung gefunden; sie sind bis auf ein Exemplar vergriffen und werden nicht selten jetzt noch verlangt.

Die zu dem gleichen Zwecke vom Centralverband auf seine alleinige Kosten im Jahre 1902 nach **Südafrika** entsendete Kommission hat, obgleich auch in diesem Falle die Berichterstattung nicht hat vollständig zu Ende geführt werden können, doch ein reiches Material geliefert, das von der deutschen Industrie ungemein beachtet und dankbar aufgenommen worden ist.

Im Jahre 1904 hat der Centralverband seinem damaligen Hilfsarbeiter, Herrn Assessor **Ramelow**, eine wesentliche Unterstützung zu einer Studienreise im Interesse der deutschen Industrie und des deutschen Außenhandels nach **Südbrasilien** gewährt. Der Genannte hat mit Verständnis und Umsicht den Zweck seiner Reise verfolgt und erfüllt, und sich durch seine eingehenden sachverständigen, vom Centralverbande herausgegebenen und von der Industrie mit großem Interesse aufgenommenen Berichte ein großes Verdienst erworben.

Herr Assessor **Ramelow** hat sich bereit erklärt, im Auftrage des Centralverbandes jetzt auch nach Ostasien zu gehen. Wir würden dieses Anerbieten dankbar annehmen, es aber im Hinblick auf die Größe des Gebietes, besonders aber auf die Größe und Vielseitigkeit der hier in Betracht kommenden Verhältnisse und Interessen für geboten erachten, die Aufgaben mehreren, zum mindesten zwei bis drei Sachverständigen zu überweisen und hoffen die geeigneten Kräfte zu finden.

Wir gestatten uns nunmehr an unsere geehrten Mitglieder die Bitte zu richten, die vorhin gestellten Fragen einer eingehenden und wohlwollenden Prüfung zu unterziehen und, wenn irgend tunlich, unserer Geschäftsführung bis zum 15. Februar d. J. ihre Entschließung zugehen zu lassen. An unsere körperschaftlichen Mitglieder richten wir die dringende Bitte sich in dieser Sache mit ihren einzelnen Mitgliedern in Verbindung zu setzen.

Weitere Stücke dieses Rundschreibens stehen zur Verfügung.

2.

Berlin, den 27. Januar 1906.

Am Schlusse der am 9. Dezember abgehaltenen Ausschußsitzung machte der unterzeichnete Vorsitzende die Mitteilung, daß der Centralverband mit der **Centralstelle für Vorbereitung von Handelsverträgen** in eine Interessengemeinschaft getreten sei, und brachte auch die Grundlagen, auf denen diese Interessengemeinschaft beruhen soll, zur Kenntnis der Versammlung, von der diese Mitteilungen beifällig aufgenommen wurden. Wir bringen unseren Mitgliedern weiter zur Kenntnis, daß nunmehr auch der **Bund der Industriellen** in diese Interessengemeinschaft eingetreten ist.

Die Grundlagen sind wie folgt festgestellt:

Die drei Vereinigungen werden zur Beratung solcher Fragen, von denen die allgemeinen Interessen der gesamten deutschen Industrie berührt werden, zusammentreten und, im Falle übereinstimmender Stellungnahme, gemeinschaftlich die Interessen der Industrie in der Oeffentlichkeit sowie gegenüber den Behörden und den gesetzgebenden Körperschaften vertreten.

Diese Beratungen sollen stattfinden auf Antrag einer der drei Vereinigungen. An ihnen teilzunehmen sollen berechtigt sein: Das Direktorium des Centralverbandes, der aus fünf Mitgliedern bestehende geschäftsführende Ausschuß der Centralstelle und fünf Mitglieder vom Vorstande des Bundes der Industriellen, sowie die Geschäftsführer der drei Vereinigungen.

Den Vorsitz bei den gemeinschaftlichen Verhandlungen wird einer der drei Vorsitzenden des Direktoriums des Centralverbandes führen; der erste stellvertretende Vorsitzende wird von dem geschäftsführenden Ausschuß der Centralstelle aus seiner Mitte, der zweite stellvertretende Vorsitzende von den Delegierten des Bundes der Industriellen, gleichfalls aus ihrer Mitte bezeichnet werden.

Die Geschäftsführung der Interessengemeinschaft wird der Geschäftsführung des Centralverbandes obliegen.

Die drei Vereinigungen werden darauf bedacht sein, zu ihren eigenen Versammlungen und Verhandlungen in der Regel Vertreter der anderen Vereinigungen zuzuziehen; sie treten auch in gegenseitigen Austausch ihrer Veröffentlichungen, Rundschreiben u. d. m.

Sofern die Auffassung der einzelnen Vereinigungen über die Stellungnahme zu einer, die deutsche Industrie betreffenden allgemeinen Angelegenheit verschieden sein sollte, soll es jeder derselben überlassen bleiben, ihre Ansicht selbständig zu vertreten; denn Abstimmungen in dieser Beziehung und somit die Majorisierung einer Vereinigung durch die anderen sollen ausgeschlossen sein. Die Vereinigungen werden sich jedoch bemühen, die entgegengesetzten Ansichten unter tunlichstem Ausschluß jeder direkten Polemik in der Oeffentlichkeit zu vertreten.

Die Centralstelle zur Vorbereitung von Handelsverträgen hat sich bereit erklärt, ihre Einrichtungen, Erfahrungen und Materialien auf dem Gebiete der Zolltechnik und der Zollauskünfte den anderen beiden Vereinigungen zur Verfügung zu stellen.

Wir glauben uns der Hoffnung hingeben zu dürfen, daß unsere Mitglieder den Abschluß dieser Abkommen als im Interesse der deutschen Industrie liegend anerkennen werden.

Als in den siebziger Jahren von dem Centralverbande Deutscher Industrieller der Kampf gegen den damals die deutsche Handels- und Wirtschaftspolitik beherrschenden fast bedingungslosen Freihandel aufgenommen wurde, beteiligte sich die deutsche Industrie, soweit sie überhaupt Interesse für die Gestaltung der öffentlichen Angelegenheiten betätigte, mit wenigen Ausnahmen einmütig an diesem Kampfe. Ganz besonders möchten wir darauf hinweisen, daß die größte und am weitesten über unser Vaterland ausgebreitete Industrie, die Textilindustrie, in allen ihren Zweigen fest geschlossen zusammenstand.

Der energischen, vom Centralverbande betriebenen Agitation, seinen ernsten und eingehenden Arbeiten, vor allem aber dem einmütigen Auftreten der Industrie war es zu danken, daß sich zunächst ein Wandel in der öffentlichen Meinung zu Gunsten der Umkehr unserer Handels- und Wirtschaftspolitik zu einem System maßvoller Schutzzölle vollzog, daß der große erste Kanzler des neuen Deutschen Reiches sich diesem Systeme zuwandte, daß die Verbündeten Regierungen dem Reichstag einen sehr gemäßigten schutzzöllnerischen autonomen Zolltarif vorlegten, zu dem die Grundlagen vom Centralverbande aufgestellt waren, und daß dieser Zolltarif vom Reichstage mit erheblicher Mehrheit angenommen wurde. Damit war der Grund für den gewaltigen Aufschwung des deutschen Wirtschaftslebens in dem letzten Viertel des vorigen Jahrhunderts gelegt, der mit Staunen und mit Bewunderung von der ganzen Welt beobachtet worden ist.

Damals war der Kreis der Industriellen, die Anteil am öffentlichen Leben nahmen, verhältnismäßig klein gewesen. Er erweiterte sich allmählich mit der intensiveren Einwirkung der öffentlichen Angelegenheiten auf die Verhältnisse der Einzelnen nach Maßgabe ihrer erweiterten Interessen und mit dem Auftauchen neuer hochbedeutungsvoller Fragen. Unter ihnen traten, neben dem nicht zur Ruhe gekommenen Kampf um die Handelspolitik, ganz besonders die sozialpolitischen Verhältnisse und die auf sie bezügliche, tief eingreifende Gesetzgebung im Reiche hervor.

Es konnte nicht ausbleiben, daß mit der außerordentlichen Erweiterung des Kreises der an den öffentlichen Angelegenheiten teilnehmenden Industriellen und mit dem Auftauchen neuer, das Interesse in Anspruch nehmenden Gebiete, Meinungsverschiedenheiten hervortraten, die sich in manchen Beziehungen zu scharfen Gegensätzen ausbildeten. Die in den siebziger Jahren bereits vorhandenen und neu begründeten industriellen und wirtschaftlichen Vereinigungen hatten sich, soweit sie überhaupt Beachtung im öffentlichen Leben in Anspruch nehmen konnten, in dem Centralverband zusammengeschlossen. Im Laufe der Zeit, teilweise veranlaßt durch die entstandenen Meinungsverschiedenheiten und Gegensätze, zum anderen Teile durch das wachsende Bedürfnis, die gleichen Interessen zusammenzufassen, bildeten sich in der Industrie neue Vereinigungen. Diese Bewegung erhielt einen besonders kräftigen Anstoß durch die Verschiedenheit der Ansichten über die, auf Grund der Caprivischen Handelspolitik abgeschlossenen Handelsverträge und durch die fast unmittelbar darauf einsetzenden Bestrebungen, Einfluß auf den Abschluß der künftigen neuen Handelsverträge zu gewinnen.

Leider führten die Meinungsverschiedenheiten und Gegensätze in der Industrie, weit mehr als es in der Natur der Sache selbst begründet war, zu feindseligen Angriffen und zum Kampf gegeneinander. So kam es, daß, als der neue Tarif für den Abschluß der neuen Handelsverträge festgestellt werden sollte und als die Verhandlungen über den Abschluß begannen und zu Ende geführt wurden, die Industrie gespalten und uneinig dastand, ja daß die einzelnen Gruppen im bitteren Kampfe einander befehdeten. Dadurch war die Industrie macht- und einflußlos geworden; sie konnte es nicht verhindern, daß ihre Interessen anderen geopfert wurden.

Wir möchten auch hier als Beispiel wieder auf die Textilindustrie verweisen. Geschlossen im Centralverband vertreten, hatte sie bei der Feststellung des autonomen Zolltarifs im Jahre 1879 erreicht, was überhaupt in ihrem Interesse erreicht werden konnte. Bei den Vorbereitungen zu dem neuen Zolltarif und dem Abschluß der neuen Handelsverträge war es dem Centralverbande, trotz seiner vielfachen ernsten und eindringlichen Bemühungen, nicht gelungen, die Textilindustrie zur Einmütigkeit und zum Zusammengehen zu bewegen. Die einzelnen Gruppen dieser Industrie standen in erbittertem Kampfe gegeneinander. Die Folge davon war eine schwere Niederlage, war die ernste Gefährdung nicht unwesentlicher Zweige der Textilindustrie durch den neuen Zolltarif und die neuen Handelsverträge.

Diese in der Industrie eingetretene Uneinigkeit und Spaltung ist von uns mit großer Sorge beobachtet worden. Wir haben die verhängnisvollen Folgen derselben vorausgesehen und ernstlich beklagt. Unsere Bemühungen, die gegenseitige Verständigung zu fördern, waren bisher jedoch vergebens gewesen.

Unter diesen Umständen haben wir es freudig begrüßt, als die Anregung an uns herantrat, die eingangs dargelegte Interessengemeinschaft zu bilden. Den Abschluß haben wir in der Hoffnung getätigt, daß diese Gemeinschaft der erste Schritt sein wird auf dem Wege, der dazu führen könnte, die Einigkeit in der deutschen Industrie wieder herzustellen. Denn nur im einmütigen Vorgehen kann und wird es der deutschen Industrie gelingen, die Würdigung und Beachtung ihrer Interessen zu erreichen, die sie, nach ihrer Bedeutung für das gesamte Staatswesen, in der Oeffentlichkeit, bei der Verwaltung und in der Gesetzgebung zu beanspruchen berechtigt ist.

Dies sind die Gründe für unser Handeln in dieser Sache gewesen. Wir hoffen, daß unsere Mitglieder, in richtiger Würdigung dieser Gründe, anerkennen werden, daß wir mit dem Abschluß dieser Interessengemeinschaft sowohl in ihrem Interesse wie in dem der gesamten deutschen Industrie gehandelt haben.

3.

Berlin, den 26. Februar 1906.

Aus den Kreisen unserer Mitglieder ist uns mehrfach die Anregung gegeben worden, in Vorarbeiten für die weitere Ausgestaltung des deutschen Patentrechts einzutreten. Unseres Erachtens kann es sich dabei nicht um grundstürzende Abänderungen der jetzigen Patentgesetzgebung handeln, die sich nach unserer Kenntnis im allgemeinen wohl bewährt hat und den Interessen der deutschen Industrie entspricht. Wohl aber sind eine Reihe einzelner Abänderungs- und Verbesserungsvorschläge bereits gemacht worden, die sich nicht nur auf das Patentgesetz selbst — z. B. hinsichtlich der sogenannten abhängigen oder Kombinations-Patente, der Ausgestaltung des Sachverständigenwesens in Patentsachen, des Beginns und der Dauer des Patentschutzes —, sondern auch auf die Rechtstellung der Patentanwälte und Bestimmungen der gewerblichen Union beziehen.

Das Direktorium des Centralverbandes Deutscher Industrieller hat beschlossen, zunächst in einer Rundfrage festzustellen, inwieweit in den Kreisen der im Centralverbande vereinigten Industrieen Wünsche auf Abänderung des Patentgesetzes und der mit ihm zusammenhängenden Gesetze über gewerblichen Musterschutz, Warenzeichen- und Markenschutz, des Gesetzes über die Patentanwälte, der Bestimmungen der gewerblichen Union und des bürgerlichen Rechts, soweit es mit dem Patentwesen zusammenhängt, also namentlich hinsichtlich der Schadenersatzklagen bei Patentverletzungen, vorhanden sind.

Demnächst soll in einer freien Kommission, zu der wir uns seinerzeit erlauben werden, die geehrten Mitglieder um Benennung von Delegierten zu bitten, die Angelegenheit weiter beraten werden.

Zunächst bitten wir nunmehr in Ausführung dieses Beschlusses des Direktoriums sämtliche Mitglieder des Centralverbandes uns ihre gutachtliche Aeußerung möglichst auch unter Angabe von Tatsachen und eventuell auch unter Beifügung von Prozeßmaterial und dergleichen bis zum 1. Mai d. J. zugehen zu lassen.

4.

Berlin, den 10. März 1906.

Im Reichseisenbahnamt sind die Vorarbeiten für eine Neugestaltung der Eisenbahn-Verkehrsordnung in Angriff genommen worden.

Wir bitten daher unsere geehrten Mitglieder, uns ihre etwaigen Wünsche auf Abänderungen oder Zusätze zu der Eisenbahn-Verkehrsordnung mitteilen zu wollen, damit wir sie rechtzeitig bei dem Reichseisenbahnamte vertreten können.

Es würde uns erwünscht sein, Ihre etwaigen Wünsche bis zum 1. Juni d. J. zu erhalten.

5.

Berlin, den 12. März 1906.

Betrifft: Vergünstigungen der Mitglieder bei Abschluß von Versicherungsverträgen.

Mehrfachen Wünschen aus den Kreisen unserer Mitglieder entsprechend, hat das Direktorium des Centralverbandes Deutscher Industrieller sich entschlossen, Empfehlungs- und Vergünstigungsverträge hinsichtlich des Abschlusses von Versicherungen zu Gunsten seiner unmittelbaren und mittelbaren Mitglieder abzuschließen.

Ein solcher Vertrag ist zunächst mit der Kölnischen Unfall-Versicherungs-Aktien-Gesellschaft zu Köln, die uns als solide und coulant bekannt ist, hinsichtlich folgender Versicherungen abgeschlossen worden:

1. Haftpflichtversicherung;
2. Versicherung gegen körperliche Unfälle aller Art;
3. Beamten- und Arbeiter-Kollektivunfallversicherung;
4. Kautions- und Garantieversicherung;
5. Versicherung der vertraglichen Haftpflicht industrieller Betriebe für die Eisenbahnwaggons auf den Anschlußgeleisen;
6. Maschinenversicherung;

   (hinsichtlich dieser Versicherung ist auch die Allianz, Versicherungsaktiengesellschaft zu Berlin und die Stuttgarter Mit- und Rückversicherungsaktiengesellschaft zu Stuttgart dem Vertrage beigetreten);

7. Glasversicherung;
8. Sturmschädenversicherung;
9. Wasserleitungsschädenversicherung.

In der Anlage sind die Rabattsätze und Vorzugsbestimmungen, auf die bei den einzelnen Versicherungsarten unsere sämtlichen Mitglieder, sowohl die unmittelbaren wie die mittelbaren, d. h. auch alle Mitglieder der uns angeschlossenen Verbände, Syndikate und sonstigen Körperschaften, Anspruch haben, aufgezählt.

Wir bitten nun die geehrten körperschaftlichen Mitglieder ebenso ergebenst wie dringend, allen ihren Mitgliedern dieses unser Rundschreiben nebst Anlage mitteilen und sie auf die ihnen durch die Verträge gebotenen Vorteile hinweisen zu wollen. Die dazu nötigen Exemplare stellen wir Ihnen unentgeltlich zur Verfügung und bitten, uns die gewünschte Anzahl bis zum 1. April aufzugeben.

Anlage!

Berlin, den 12. März 1906.

Empfehlungs- und Vergünstigungsvertrag

zwischen der Kölnischen Unfall-Versicherungs-Aktien-Gesellschaft zu Köln und dem Centralverband Deutscher Industrieller zu Gunsten seiner unmittelbaren und mittelbaren Mitglieder. Gültig bis zum 14. Febr. 1911.

I.

Auf die nachstehenden Vergünstigungen und Rabatte bei Abschluß der Versicherungen hat jedes Mitglied des Centralverbandes Deutscher Industrieller und jedes Mitglied einer dem Centralverband Deutscher Industrieller angeschlossenen Körperschaft (Handelskammer, Berufsgenossenschaft, wirtschaftlicher Verband, Syndikat u. s. w.) Anspruch. Der Versicherungsnehmer muß der Kölnischen Unfall-Versicherungs-Aktien-Gesellschaft auf Verlangen nachweisen, daß er unmittelbares oder mittelbares Mitglied des Centralverbandes Deutscher Industrieller ist. Von dem Abschluß des auf Grund der nachfolgenden Bestimmungen zustande gekommenen Versicherungsvertrages ist dem Centralverband Deutscher Industrieller, unter Angabe des Datums des Abschlusses und der Versicherungsart, über die der Vertrag geschlossen ist, Kenntnis zu geben.

II.

Die Kölnische Unfall-Versicherungs-Aktien-Gesellschaft zu Köln (und für die Maschinenversicherung auch die Allianz, Versicherungsaktiengesellschaft zu Berlin und die Stuttgarter Mit- und Rückversicherungsaktiengesellschaft zu Stuttgart) haben für sämtliche Versicherungen, die unter diesen Vertrag fallen, dahin eingewilligt,

> daß die Versicherten berechtigt sein sollen, bei Streitigkeiten aus diesen Versicherungen nach ihrer Wahl entweder die ordentlichen Gerichte oder ein Schiedsgericht entscheiden zu lassen.
>
> Verlangen die Versicherten die Entscheidung durch ein Schiedsgericht, so soll dasselbe aus drei Mitgliedern bestehen, von denen je eins von dem Direktorium des Centralverbandes Deutscher Industrieller und der versichernden Gesellschaft bestimmt wird, während die beiden so bestimmten Mitglieder das dritte Mitglied als Obmann wählen. Sollten sie sich über dessen Wahl nicht einigen können, so wird der Obmann durch den Präsidenten desjenigen Landgerichts benannt, in dessen Bezirk der Versicherungsnehmer seinen Wohnsitz im Sinne des Bürgerlichen Gesetzbuchs hat.

Die Kölnische Unfall=Versicherungs=Aktien=Gesellschaft hat sich ferner damit einverstanden erklärt,

> daß der Centralverband Deutscher Industrieller bei etwaigen Wünschen und Anliegen unserer unmittelbaren und mittelbaren Mitglieder an die versichernde Gesellschaft beiden Parteien als Vermittler mit seinen guten Diensten zur Verfügung steht. Die Kölnische Unfall = Versicherungs = Aktien= Gesellschaft ist bereit, dem Centralverband Deutscher Industrieller auf sein Ersuchen über den Sachverhalt, der den Wünschen und Anliegen unserer unmittelbaren und mittelbaren Mitglieder zu Grunde liegt, Auskunft zu geben, auch die daraufhin von uns der versichernden Gesellschaft gegenüber vertretenen Wünsche und Anliegen wohlwollend zu prüfen und ihnen, soweit tunlich, zu entsprechen.

III.

Für alle Versicherungsarten, hinsichtlich deren dieser Vertrag abgeschlossen ist, gilt folgende Bestimmung:

> Die den unmittelbaren und mittelbaren Mitgliedern des Centralverbandes Deutscher Industrieller eingeräumten Vergünstigungen behalten auch nach Ablauf des Vertrages, sowie bei Ausscheiden des Versicherungsnehmers aus dem Centralverbande oder den ihm angeschlossenen Verbänden u. s. w. ihre Gültigkeit bis zum Ablauf der Versicherung.

Für die Haftpflicht=, Unfall=, Beamten= und Arbeiter=Kollektivunfallversicherung, die Kautions= und Garantie=, sowie die Sturmschäden-, Glas- und Wasserleitungsschädenversicherung gilt ferner folgende Bestimmung:

Auf Versicherungen, die bei Abschluß dieses Vertrages oder beim Eintrit des Versicherungsnehmers in die unmittelbare oder mittelbare Mitgliedschaft des Centralverbandes Deutscher Industrieller bereits bestehen, hat dieser Vertrag an sich keine rückwirkende Kraft, indessen können diese Versicherungsnehmer sich die Vorteile dieses Vertrages vom nächsten Prämienfälligkeitstermine gleichfalls sichern, sobald sie neue Anträge einbringen und gegen die Ausfertigung einer neuen Polize Bedenken nicht vorliegen.

IV.

Für die einzelnen Versicherungsarten sind folgende Abmachungen getroffen worden:

1. Beim Abschluß von Haftpflichtversicherungen aller Art, z. B. als Betriebsunternehmer, Pferde-, Hunde-, Automobilbesitzer, als Anschlußgeleise-, Haus- und Grundbesitzer, als Jäger, Familienvorstand, Dienstherr u. s. w.

wird den auf Grund dieses Vertrages eine Versicherung Nehmenden der jeweilig höchste Rabatt gewährt, der überhaupt zulässig ist, sofern nicht der Versicherungsnehmer diese Rabatte schon als Mitglied eines anderen mit der Versicherungsgesellschaft im Vertragsverhältnis stehenden Vereins genießt.

Bis auf weiteres betragen diese Rabatte

a) 10% Rabatt auf die Tarifprämie, außerdem
b) 10% „ bei zehnjähriger Versicherungsdauer,
c) 10% „ , wenn die Jahresprämie mindestens M. 75 beträgt oder
d) 15% „ , wenn die Jahresprämie mindestens M. 150 beträgt.

2. Beim Abschluß von Unfallversicherungen, d. h. Versicherungen gegen körperliche Unfälle aller Art wird den auf Grund dieses Vertrages eine Versicherung Nehmenden der jeweilig höchste Rabatt gewährt, der überhaupt zulässig ist, sofern nicht der Versicherungsnehmer diese Rabatte schon als Mitglied eines anderen mit der Versicherungsgesellschaft im Vertragsverhältnis stehenden Vereins genießt.

Bis auf weiteres betragen diese Rabatte:

a) 10% Rabatt auf die Tarifprämien,

b) 10% Rabatt für fünfjährigen Versicherungsabschluß mit jährlicher Prämienzahlung,

c) 10% „ und ½ Freijahr für fünfjährige Versicherung mit Prämienvorauszahlung,

d) 60% „ , wenn auf die Versicherung für vorübergehende Erwerbsunfähigkeit verzichtet wird.

Wird der Rabatt unter d) beansprucht, so ist dieser zuerst zu kürzen; die übrigen Rabatte werden von der jedesmaligen Restprämie berechnet.

3. Beim Abschluß von Beamten- und Arbeiter-Kollektivunfallversicherungsverträgen

wird den auf Grund dieses Vertrages eine Versicherung Nehmenden der jeweilig höchste Rabatt gewährt, der überhaupt zulässig ist, sofern nicht der Versicherungsnehmer diese Rabatte schon als Mitglied eines anderen mit der Versicherungsgesellschaft im Vertragsverhältnis stehenden Vereins genießt.

Bis auf weiteres betragen diese Rabatte:

a) immer 10%,

b) noch 10% bei mindestens zehnjähriger Versicherungsdauer, außerdem

c) 10% bei Versicherung von mindestens 20 Personen, oder

d) 15% bei Versicherung von über 50 bis 100 Personen, oder

e) 20% bei Versicherung von über 100 Personen; ferner

f) 25% bei Beschränkung der Versicherung auf Betriebsunfälle und

g) 60%, wenn auf die Versicherung für vorübergehende Erwerbsunfähigkeit verzichtet wird.

Wird der Rabatt unter g) beansprucht, so ist dieser zuerst zu kürzen; die übrigen Rabatte werden von der jedesmaligen Restprämie berechnet.

4. Beim Abschluß von Kautions- und Garantieversicherungen und

5. von Sturmschädenversicherungen

gewährt die Kölnische Unfall-Versicherungs-Aktien-Gesellschaft einen Rabatt von 10% auf die tarifmäßigen Prämien, sofern der Versicherungsnehmer diesen Rabatt nicht schon als Mitglied eines anderen mit der Gesellschaft im Vertragsverhältnis stehenden Vereins bezieht. Außerdem verpflichtet die Kölnische Unfall-Versicherungs-Aktien-Gesellschaft sich, bei fünfjährigen Versicherungen mit Vorauszahlung der Prämien auf die

Versicherungsdauer ein Freijahr zu gewähren, so daß die Prämie nur für vier Jahre zu zahlen ist.

6. Beim Abschluß von Glasversicherungen
gewährt die Versicherungsgesellschaft
bei jährlicher Prämienzahlung auf die jeweils tarifmäßigen Prämien einen Rabatt von 10%, sofern der Versicherungsnehmer diesen Rabatt nicht schon als Mitglied eines anderen mit der Gesellschaft im Vertragsverhältnis stehenden Vereins bezieht;
bei mehrjährigen Versicherungen mit Vorauszahlung der Prämien auf die gesamte Versicherungsdauer
auf fünf Jahre ein Freijahr, so daß die Prämie nur für vier Jahre zu zahlen ist,
auf zehn Jahre zwei Freijahre und 10% Rabatt von der achtjährigen Prämie.

7. Beim Abschluß von Wasserleitungsschäden-Versicherungen
gewährt die Versicherungsgesellschaft
bei jährlicher Prämienzahlung auf die jeweils tarifmäßigen Prämiensätze einen Rabatt von 10%, sofern der Versicherungsnehmer diesen Rabatt nicht schon als Mitglied eines anderen mit der Gesellschaft im Vertragsverhältnis stehenden Vereins bezieht;
bei mehrjährigen Versicherungen mit Vorauszahlung der Prämien auf die gesamte Versicherungsdauer
auf fünf Jahre ein Freijahr, so daß die Prämie nur für vier Jahre zu zahlen ist,
auf zehn Jahre 2 1/2 Freijahre, so daß die Prämie nur für 7 1/2 Jahre zu zahlen ist.

8. Beim Abschluß von Versicherungen der vertraglichen Haftpflicht industrieller Betriebe für die Eisenbahnwaggons auf Anschlußgeleisen
gewährt die Versicherungsgesellschaft folgende Vergünstigungen, sofern sie diese nicht schon als Mitglied eines anderen, mit der Gesellschaft im Vertragsverhältnis stehenden Vereins beziehen:
10% Rabatt auf die tarifmäßige Prämie. Außerdem wird neben diesem Rabatt bei Vorauszahlung der Prämie für fünf Jahre ein Freijahr, bei Vorauszahlung für zehn Jahre 2 1/2 Freijahre gewährt.

Auf Versicherungen, die beim Abschluß dieses Vertrages bei der Kölnischen Unfall-Versicherungs-Aktien-Gesellschaft schon bestehen, finden diese Begünstigungen nur Anwendung, wenn die Versicherung auf Antrag des Versicherten dem Vertrage gemäß umgewandelt wird.

9. Beim Abschluß von Maschinenversicherungen gewähren die Kölnische Unfall-Versicherungs-Aktien-Gesellschaft zu Köln, die Allianz, Versicherungsaktiengesellschaft zu Berlin und die Stuttgarter Mit- und Rückversicherungsgesellschaft zu Stuttgart auf die tarifmäßigen Prämiensätze einen Rabatt von 10%, sofern der Versicherungsnehmer diesen Rabatt nicht schon als Mitglied eines anderen mit den drei Gesellschaften im Vertragsverhältnis stehenden Vereins genießt.

Diese Begünstigung hat aber nur Gültigkeit für die vom 10. März 1906 ab einer der drei Gesellschaften zugeführten Versicherungen unserer Mitglieder, deren Anträge durch die Vertreter der betreffenden Gesellschaften eingereicht und für welche die Prämien an dieselben gezahlt werden. Auf bereits bestehende Versicherungen kann dieser Vorteil vom nächsten Prämienfälligkeitstermin gleichfalls übertragen werden, sobald die Police auf Grund der Bedingungen des Maschinenversicherungsverbandes abgeschlossen ist.

6.

Berlin, den 19. April 1906.

Betrifft: Die tatsächlichen Verhältnisse in der Hausindustrie.

Die Heimarbeitsausstellung in Berlin und die Erörterungen, die sich in der Presse und den Parlamenten an diese Ausstellung angeschlossen haben, lassen es sehr wünschenswert erscheinen, über die tatsächlichen Verhältnisse, unter denen die Heimarbeiter in den einzelnen Industrieen arbeiten, die Löhne und Arbeitsbedingungen, die Vorteile, die die Heimarbeit für den Arbeiter bringt, aber auch die Nachteile, die gegenüber der Fabriktätigkeit mit dieser Arbeitsart für die Arbeiter und für die konkurrierenden Fabrikbetriebe verbunden sind, Aufklärung zu verschaffen. Wir bitten Sie daher, uns Ihre Erfahrungen und die in Ihrer Industrie oder Ihrem Bezirk hinsichtlich der Heimarbeit bestehenden Zustände freundlichst darstellen zu wollen. Erwünscht wären auch Aeußerungen, inwieweit ein Zurückgehen oder aber eine Ausbreitung der Heimarbeit in den einzelnen Industrieen und Bezirken festzustellen ist.

Wir behalten uns vor, nach Eingang der Mitteilungen Ihre freundliche Mitarbeit noch zu weiterer Klärung der Tatsachen, Anschauungen und Feststellung der sich aus dem Material ergebenden Folgerungen zu erbitten.

Wir würden Ihnen dankbar sein, wenn wir Ihre uns zugedachten Erhebungen und Mitteilungen bis zum 1. September erhalten würden.

7.

Berlin, den 26. April 1906.

Zur Lage im Kartellwesen.

Große Ereignisse und Neuerscheinungen von durchgreifender, grundsätzlicher Bedeutung sind für das deutsche Kartellleben im letzten Jahre nicht eingetreten. Die Gesetzgebung hält sich wohlweislich vom Eingreifen noch zurück. Die Rechtsprechung hat die frühere, übrigens nicht glatt einheitlich durchgeführte Tendenz beibehalten, Kartelle an sich für rechtlich zulässig und praktisch, unter Umständen gemeinnützlich zu erklären, nach den Einzelfällen aber zu beurteilen, ob sie ihre Befugnisse nicht überschreiten, gegen die guten Sitten, gegen die Gewerbeordnung oder das Gesetz über den unlauteren Wettbewerb ꝛc. verstoßen. Allgemeine, wichtige, höchstgerichtliche Entscheidungen dieser Art sind aus neuester Zeit nicht zu verzeichnen. Auch große Neugründungen von Kartellen sind nicht erfolgt.

In der seit mehr als drei Jahren im Gange befindlichen Kartell-Enquete, die vom Reichsamt des Innern veranstaltet wird, haben bisher über folgende Verbände kontradiktorische Verhandlungen stattgefunden, nämlich: das Rheinisch-westfälische Kohlensyndikat, die Oberschlesische Kohlenkonvention, das Westfälische Kokssyndikat, den Verband Deutscher Druckpapierfabriken, die Rheinisch-westfälischen Roheisensyndikate, den Halbzeugverband, den Börsenverein Deutscher Buchhändler, den Verband Deutscher Drahtwalzwerke und den Verband Deutscher Drahtstiftfabrikanten, den Weißblechverband, den Stahlwerksverband, die Verbände in der Tapetenindustrie, die Verbände in der Spiritusindustrie. Die stenographischen Berichte über diese kontradiktorischen Verhandlungen sind nach und nach im Reichsanzeiger erschienen und durch den Buchhandel verbreitet worden.

Jüngst ist das Reichsamt des Innern mit einer weiteren Publikation vorgegangen, die durch einen umfassenden Ueberblick und viele Einzelheiten den Gesichtskreis vergrößert und im Verein mit sonstigen praktischen Erfahrungen und Erscheinungen aus jüngster Zeit neue Anregungen bietet: Die Denkschrift über das Kartellwesen. Ihr erster Teil, der im vorigen Spätherbst erschien, gab eine Einleitung und eine Uebersicht der in Deutschland bestehenden Kartelle. Die Statistik ist durch Abdruck der dem Reichsamt des Innern verfügbar gewesenen Statuten, Gesellschafts-, Lieferungsverträge, Geschäftsordnungen u. s. w. der Verbände vervollständigt worden, um dadurch einen Einblick in die Organisationsformen der Verbände zu ermöglichen. In die Statistik sind 385 Verbände aufgenommen, wovon indes allein 132 auf die Ziegelindustrie entfallen. In seinen Ausführungen sagte dazu das Reichsamt des Innern: „Als Gesamtergebnis (der Rundfragen) kann festgestellt werden, daß sich die große Mehrzahl der Verbände zur Erteilung eingehender Auskunft bereit gefunden hat, im besonderen gilt dies von den großen Verbänden, die im Mittelpunkt der öffentlichen Erörterungen gestanden haben, z. B. vom Stahlwerksverband, vom Kohlensyndikat u. a." Und betreffs der Kartell-Enquete wird bemerkt: „Die Kartelle sind bei den Verhandlungen stets vertreten gewesen und haben im allgemeinen mit Bereitwilligkeit Auskunft erteilt." Uebrigens war den Teilnehmern die Möglichkeit gegeben, aus dem Stenogramm ihrer Reden dasjenige, was sie als vertraulich und Geschäftsgeheimnis behandelt wissen wollten, vor der Veröffentlichung herauszustreichen.

Ueber den Standpunkt, auf dem jetzt noch die Regierung mit Bezug auf den Erlaß eines Kartellgesetzes steht, äußerte am 30. November 1905 der Vorsitzende der Tapeten-Enquete, der Geh. Regierungsrat Delbrück: „Die Verbündeten Regierungen haben bisher zu diesem Streit der Meinungen keine Stellung genommen, sie haben sich auf den Standpunkt gestellt, daß es sich um eine Frage von hervorragender Bedeutung handelt, die dauernd seitens der Reichsregierung im Auge zu behalten ist, haben es aber vorläufig für die Aufgabe der Regierungen gehalten, ein Tatsachenmaterial in einer möglichst unanfechtbaren Weise zu ermitteln, und erst dann zu einer endgültigen Entscheidung zu kommen, wenn bezüglich möglichst vieler und bedeutsamer Kartelle die Angelegenheit in der Weise geklärt ist, daß man damit rechnen kann, die wirklichen Verhältnisse zur Grundlage der Entscheidung zu machen."

Im ersten Teil der Denkschrift war angekündigt worden, es solle sich im weiteren Verlaufe der Arbeiten eine Zusammenstellung der auf die Kartelle bezüglichen Bestimmungen der inländischen und ausländischen Gesetzgebung unter Berücksichtigung der wichtigeren Entscheidungen der obersten Gerichtshöfe anschließen. Ferner würden die Ergebnisse der Kartell-Enquete an der Hand einer Preisstatistik gewürdigt werden. Dabei soll das Material, soweit sich die in den Verhandlungen festgestellten Verhältnisse geändert haben, ergänzt und nötigenfalls durch Ausdehnung der Untersuchung auf andere Kartelle erweitert werden.

Der soeben dem Reichstage zugegangene zweite Teil der Denkschrift behandelt die Vorschriften des inländischen Zivil- und Strafrechts unter Berücksichtigung der Rechtsprechung des Reichsgerichts. Es werden dargestellt die verschiedenen Arten der Kartellorganisation, Formvorschriften, Publizität, die Rechtsgültigkeit der Kartellvereinbarungen in Bezug auf Gewerbefreiheit, Verstoß gegen die guten Sitten, Gewerbeordnung § 152 ꝛc.; Auflösen und Ausscheiden; Verhältnis der Kartelle zu Dritten, Vereinbarungen mit Dritten oder Schädigung Dritter, unlauterer Wettbewerb, Haftung; Zeugnisverweigerung über die Preisfestsetzungen der Kartelle; strafrechtliche Vorschriften. Dann folgt der Abdruck von Entscheidungen des Reichsgerichts, der den größten Teil der 140 Seiten umfassenden Publikation ausmacht.

Diese aufgeführten 19 reichsgerichtlichen Entscheidungen gehen bis auf das Jahr 1890 (Urteil betr. Börsenverein Deutscher Buchhändler) zurück. Aus dem Jahre 1905 erscheinen als jüngste nur 3; das Urteil vom 20. März 1905 in Sachen einer Bergbaugesellschaft wider die Aktiengesellschaft Westfälisches Kokssyndikat in Bochum; das Urteil vom 2. Februar 1905 betreffs der Vereinigung der Feingoldschlägereibesitzer in Nürnberg-Schwabach, und das Urteil vom 4. Januar 1905 in Sachen der A.-G. Nordwestmitteldeutsches Portlandzementsyndikat in Hannover. Bei dem erst- und letztgenannten handelt es sich um Nichteinhaltung von Lieferungsverpflichtungen mit ihren Folgen und um Herabsetzung der Beteiligungsziffer, Austritt bezw. Recht der Kündigung. Das Urteil vom 2. Februar 1905 ist prinzipiell wichtig wegen der Rechtsstellung von Kartellen überhaupt, und der Frage, unter welchen Umständen Vereinigungen ein parteifähiges und verklagbares Rechtssubjekt bilden.

Die Verbindungen, die man als Kartelle bezeichnet, unterliegen z. B. in Deutschland in privatrechtlicher Beziehung nur den allgemeinen Vorschriften des Bürgerlichen Rechts und des Handelsrechts, namentlich den Vorschriften über Personenvereine und Gesellschaften. Die Vereinigung der Kartellmitglieder ist auch ohne Gründung eines Vereins oder eines Gesellschaftsverhältnisses möglich, sie unterliegt dann lediglich den allgemeinen Vorschriften über Verträge. Immerhin hängt es von den Umständen des einzelnen Falles ab, ob nicht auf eine Kartellvereinbarung schon deshalb, weil sie einen der Gesellschaft ähnlichen Charakter hat, die Vorschriften über Gesellschaften Anwendung finden (vgl. Nr. 10 der angeführten reichsgerichtlichen Urteile).

Zu den wichtigen Fragen, inwieweit Kartellvereinbarungen und -Zwangsmittel gegen gesetzliche Bestimmungen, gegen die guten Sitten ꝛc. verstoßen, betreffs des Lieferungsverbots, des Kontrahierungszwangs ꝛc., liegen neue höchstgerichtliche Urteile nicht vor. Teil II der Denkschrift des Reichsamts des Innern beginnt das Kapitel über die Rechtsgültigkeit mit folgendem Satze: „daß Kartellvereinbarungen als solche nicht rechtsungültig sind, hat das Reichsgericht wiederholt anerkannt". Sodann wird an der Hand der — nicht immer leicht miteinander vereinbaren — Urteile des Reichsgerichts dargelegt, wie das Reichsgericht es an sich für „möglich" erklärt, daß unter besonderen Umständen eine Beanstandung der Kartellvereinbarungen vom Standpunkt des durch die Gewerbefreiheit geschützten allgemeinen Interesses stattfinde, namentlich bei spekulativen Zwecken zur Beherrschung des Marktes, Herbeiführen eines Monopols, wucherischer Ausbeutung und dgl. Das Reichsgericht hat ferner die Auffassung der Kartellgegner verworfen, daß Kartellvereinbarungen als solche gegen die guten Sitten verstoßen und aus diesem Grunde ungültig seien. Und es legt dar, daß Absatz 2 des § 152 der Gewerbeordnung, wonach jedem Teilnehmer der Rücktritt von Vereinigungen und Verabredungen „zum Behufe der Erlangung günstiger Lohn- und Arbeitsbedingungen" freisteht und aus letzteren weder Klage noch Einrede stattfindet, auf Vereinigungen von Gewerbetreibenden zur Regelung ihrer Produktion und der einzuhaltenden Preise nicht angewendet werden kann. In einem Urteil vom 17. Juni 1904 hat das Reichsgericht ausgesprochen: „Zwar rechtfertige die dargelegte Stellung des Syndikats nach dem gegebenen Rechte nicht etwa einen Kontrahierungszwang, d. h. die Verpflichtung, mit jedem einzelnen Konsumenten der syndizierten Ware abzuschließen . . ." Immerhin seien aber an die Tätigkeit solcher Syndikate, denen eine so erhebliche wirtschaftliche Macht zustehe, strengere Anforderungen von Treu und Glauben im Verkehr zu stellen.

Die Denkschrift bemerkt, daß es naturgemäß in weitem Umfange von den Umständen des einzelnen Falles abhängt, ob eine Handlungsweise als gegen die guten Sitten verstoßend anzusehen ist. Was insbesondere die Frage betrifft, in wieweit die Erschwerung des Geschäftsbetriebes eines anderen einen Verstoß gegen die guten Sitten enthält, so geht das Reichsgericht davon aus, daß zwar an sich den einzelnen Gewerbetreibenden wie einem gewerblichen Verbande nicht verwehrt sei, Dritten für die Aufrechterhaltung geschäftlicher Beziehungen besondere Bedingungen zu stellen und bei Nichterfüllung dieser Bedingungen die Lieferung ihrer Erzeugnisse oder Handelsartikel zu verweigern, wenngleich dadurch ein gewisser Druck auf andere ausgeübt werde, um sie zu einem bestimmten geschäftlichen Verhalten zu veranlassen. Als unerlaubt hat das Reichsgericht dagegen Zwangsmittel bezeichnet, die nach ihrer Art und beabsichtigten Wirkung die gewerbliche Existenz des Gegners untergraben, seinen Kredit oder sein Ansehen dauernd schädigen. Doch hat — in den bekannten Urteilen betreffs des Börsenvereins Deutscher Buchhändler — das Reichsgericht ausdrücklich nicht nur eine förmliche Lieferungssperre, sondern auch Maßregeln, die in ihrer gewollten Wirkung einer solchen gleichkommen, für unsittlich erklärt.

8.

Berlin, den 11. Juni 1906.

Betrifft: Die Handelsverträge.

Nachdem nunmehr die meisten Handelsverträge, vor kurzem noch derjenige mit Schweden, zum Abschluß gebracht, für die noch ausstehenden von uns unsere Materialien den zuständigen Instanzen vorgelegt worden sind, ist es uns Bedürfnis und Freude, all denjenigen Handelskammern, Korporationen, Vereinen und einzelnen Firmen, die uns während der letzten drei Jahre in unserer Arbeit unterstützt haben, unseren verbindlichen und aufrichtigen Dank zu sagen.

Ungemein zahlreich sind uns aus den Kreisen unserer Mitglieder zu den Handelsverträgen Wünsche und Anträge unter ausführlicher Begründung mitgeteilt worden. Von vielen Seiten haben wir als Unterlage dazu Berechnungen, Fakturen, Korrespondenzen, Muster u. s. w. erhalten. Häufig sind uns auch Mitteilungen vertraulicher Art gemacht worden. Dadurch allein ist uns die Möglichkeit gegeben worden, hinsichtlich sämtlicher Handelsverträge in ausführlichen Darstellungen den maßgebenden Instanzen des Reichs und der Einzelstaaten die Wünsche und Anträge der deutschen Industriellen vorzutragen.

Wir haben das uns übersandte Material in

vier	Eingaben	betr.	den Handelsvertrag	mit	Rußland,
vier	"	"	"	"	Rumänien,
drei	"	"	"	"	Italien,
drei	"	"	"	"	Oesterreich,
zwei	"	"	"	"	Schweiz,
drei	"	"	"	"	Belgien,
drei	"	"	"	"	Serbien,
zwei	"	"	"	"	Bulgarien,
einer	Eingabe	"	"	"	Griechenland,
fünf	Eingaben	"	"	"	Schweden,
zwei	"	"	"	"	Ver. Staaten von Amerika,
zwei	"	"	"	"	Spanien,
einer	Eingabe	"	"	"	Portugal,
einer	"	"	"	"	Argentinien

verarbeitet, und wir hoffen, daß diese umfassende Arbeit doch nach mancher Richtung hin nicht ohne Nutzen für die deutsche Industrie gewesen sein wird.

Jedenfalls dürfen wir stolz darauf sein, in so umfassender Weise, wie es geschehen ist, von unseren Mitgliedern mit ihrem Vertrauen beehrt worden zu sein, und wir dürfen bitten, davon überzeugt zu sein, daß der Centralverband Deutscher Industrieller sich nach wie vor bemühen wird, eine Stelle des allgemeinen Vertrauens der deutschen Industrie zu sein und zu bleiben.

B.

Eingaben.

Die meisten Eingaben des Centralverbandes Deutscher Industrieller an die verschiedenen Behörden, insbesondere die zahlreichen handelspolitischen Eingaben, erscheinen zur Veröffentlichung nicht geeignet. Sonach konnte wieder nur eine kleine Zahl der Eingaben für die Publikation ausgewählt werden. Aber auch in dieser Beschränkung werden, wie wir hoffen diese Mitteilungen den Mitgliedern manches ihrer Aufmerksamkeit werte bieten.

1.

Eingabe an die ständige Tarifkommission der deutschen Eisenbahnen, betreffend die Beförderung stark staubender Güter.

Berlin, den 29. Januar 1906.

Betreffs der Versendung von Staub verbreitenden Gütern ist beantragt worden, in dem deutschen Eisenbahn-Gütertarif § 50 A, Ziffer 2, Teil I A folgende Bestimmung aufzunehmen:

„Güter, die stark stauben, wie Zement, Gips, Mehl, „Kalk, Düngemittel, Kohlenstaub, Erdfarben und dergleichen, „sowie leere Umhüllungen, in denen derartige Güter enthalten „waren, sind von der Beförderung ausgeschlossen, wenn sie „nicht in dichten, gegen Durchstäuben genügende Sicherheit „gewährenden Umhüllungen (Säcken, Fässern, Kisten und „dergleichen) verpackt sind."

Die Königliche Eisenbahndirektion Elberfeld wollte diesen Zusatz auf alle Rückgüter erstrecken, die den Antrag bearbeitende Kaiserliche Generaldirektion der Eisenbahnen in Elsaß-Lothringen hat ihn auf alle Sendungen, also auch auf Wagenladungen erweitert.

Gegen diese weitgehende Maßregel wenden wir uns namens der beteiligten Industrieen, wir unterstützen insbesondere auch das Gesuch des Vereins deutscher Jute-Industrieller in dieser Angelegenheit und bitten die Tarifkommission ergebenst, den Antrag der Generaldirektion in Straßburg nur in wesentlich beschränktem Inhalt anzunehmen.

Es wird zugegeben, daß die Rücksendung leerer, mit Zement, Mehl und dergleichen gefüllt gewesener Säcke, welche zu dem Vorgehen Veranlassung gegeben haben dürften, zu Uebelständen führt, die beseitigt werden müssen. In dieser Beziehung sind also strengere Vorschriften am Platze. Indes liegt es bei staubenden Gütern durchaus im Interesse des Empfängers und des Absenders selbst, daß die Ware voll, ohne Minderung, an ihr Ziel gelangt. Schon deshalb wird im allgemeinen nur gutes Verpackungsmaterial, welches das Stauben verhütet, gewählt. Die Verpackung findet seit langer Zeit zumeist in dichthaltenden Säcken statt, die bei normaler Beladung und Entladung keine erhebliche Staubung ermöglichen. Außerdem erfolgen die Sendungen meist in Wagenladungen, welche im Fabrikhof selbst verpackt und auf Anschlußgleisen zur Bahn und schließlich zum Empfänger befördert werden, so daß auf der Bahn eine Ein- oder Ausladung mit der befürchteten Staubentwickelung gar nicht stattfindet. Auch müssen die Gewerbe-Aufsichtsbeamten, welche die betreffenden Betriebe überwachen, für Einhaltung der gesundheitlichen Vorschriften sorgen.

Es ist weiter vorauszusehen, daß bei Annahme des Straßburger Antrages eine einheitliche Durchführung doch nicht stattfinden würde, sondern den Güterexpedienten zu sehr überlassen blieb, was sie für eine genügende oder ungenügende Verpackung halten, wodurch für die Versender und Empfänger unerträgliche Unsicherheit entstände. Zumeist würde die Gips, Kalk und Düngemittel brauchende Landwirtschaft getroffen werden. Im Rückgüterverkehr, mit dem die Bahnbeamten in Berührung kommen, werden alle bezüglichen Artikel nur in geringer Menge und auf kurze Entfernungen versendet. Auch hier trifft natürlich das eigenste Interesse an guter Verpackung seitens des Absenders und Empfängers zu. Bei einzelnen Verfehlungen betreffs Rückgut könnten die Eisenbahnverwaltungen anderweitig für Abhilfe sorgen.

Wir bitten daher, daß der Antrag auf leere, gebrauchte Verpackungen beschränkt werde.

2.

Eingabe an den Preußischen Herrn Minister der öffentlichen Arbeiten, betreffend die Beförderung stark staubender Güter.

Berlin, 29. Juni 1906.

In der gemeinsamen Sitzung der ständigen Tarifkommission der deutschen Eisenbahnen und des Ausschusses der Verkehrsinteressenten vom 7. und 8. Februar d. Js. ist der Antrag auf Erlaß folgender Bestimmung:

> „Zement, Gips, Kalk, Kohlenstaub, Thomasmehl, Knochenmehl, Holzkohle und Erdfarben, sowie stark staubende leere Umhüllungen werden zur Beförderung als Stückgut nur angenommen, wenn sie in staubdichten Umhüllungen, die Umhüllungen auch in Lattenkisten verpackt oder zwischen Brettern fest verschnürt sind,"

vom Ausschuß abgelehnt, von der Tarifkommission angenommen worden.

In dem Protokoll hieß es: „Die Bestimmung würde als Zusatzbestimmung zu § 53 der Verkehrsordnung zu erlassen sein."

Der jetzt vom Reichseisenbahnamt herausgegebene neue Entwurf der Eisenbahnverkehrsordnung enthält tatsächlich eine solche Zusatzbestimmung zum § 53 nicht und will die Regelung der Beförderung staubender Güter den Eisenbahnverwaltungen überlassen.

Wir möchten nun Euer Exzellenz nochmals gehorsamst darauf hinweisen, daß bedeutende deutsche Industrieen von der Anwendung und den Folgen der Vorschrift erhebliche Benachteiligung fürchten, wenn schon selbstverständlich anerkannt wird, daß staubende Güter gehörig verpackt sein müssen, und daß namentlich bei der Rücksendung leerer Säcke Uebelstände vorkommen. Der weitergehenden Anregung, nicht bloß für Stückgut, sondern auch für Wagenladungen die beschränkenden Bestimmungen zu erlassen, hat die Tarifkommission selbst keine Folge gegeben.

Namentlich der Verein deutscher Jute-Industrieller hatte, unterstützt von einer großen Reihe industrieller Vertretungen, darunter mehrere der Zementindustrie, in dem Streben, wo wirklich Mängel vorkommen können, alle Abhilfe zu gewähren, darum gebeten, daß die vorgeschlagene Bestimmung sich ausschließlich auf die Zurücksendung leerer, gebrauchter Verpackungen erstrecken möge.

Gerade in dieser Beziehung aber drohen jüngst, durch eine verfehlte Handhabung bei der Eisenbahnbeförderung, unvorhergesehene erhebliche Schädigungen der genannten und anderen Industrieen einzutreten. Seit etwa 30 Jahren wird Portland-Zement in Jutesäcken versandt. Die leeren Zementsäcke werden stets in Bündel zusammengebunden ohne besondere Verpackung zurückgeschickt, ohne daß bis in die letzte Zeit Klagen wegen Staubentwicklung gekommen wären. Die Folge des neuerlichen Verlangens der Bahnverwaltungen, daß die Säcke verpackt bezw. in nicht staubendem Zustande aufgegeben werden, ist zunächst gewesen, daß nur die Säcke vielfach naß aufgegeben wurden, wodurch sie raschem Verderben ausgesetzt sind. Sie verfallen in solchem Zustande im Sommer rascher Fäulnis, oder werden hart, brüchig und durchlässig, und sind bald für die Beförderung von Zement nicht mehr zu brauchen. Zugleich gefährden solche nassen Säcke durch Abgabe von Feuchtigkeit andere in ihrer Nähe beförderte Güter. Die deutsche Zementindustrie bemüht sich eifrig, um den neuen Vorschriften genug zu tun, daß die Rücksendung der leeren Zementsäcke seitens der Abnehmer in staubdichten Umhüllungen erfolgt. Die Anschaffung dieser Umhüllungen veranlaßt der Zementindustrie erhebliche Kosten, und die jeweilige Rücksendung der Umhüllungen an die Abnehmer wird dauernde höhere Frachtgelder für sie zur Folge haben. Bei dem besten Willen, sanitären Anforderungen mit neuen Opfern Rechnung zu tragen, dürfen die betreffenden Fabriken wohl hoffen, daß die Eisenbahnverwaltungen mindestens einer von ihr nicht gewollten und ihr selbst eventuell Nachteil bringenden Unsitte abhelfen, indem sie nasse Zementsäcke nicht zur Beförderung annehmen.

Daran, daß die Säcke in möglichst gutem und vor allem trockenem Zustande zurückgegeben werden, hat ebenso die deutsche Jute-Industrie hohes Interesse. Würde der Zementindustrie die Möglichkeit genommen, die Säcke so und so viele Male zu verwenden, so könnte der Fall eintreten, daß dieselbe zu anderen Verpackungsmaterialien, z. B. Faßverpackung, überginge, und dadurch die Jute-Industrie schwer geschädigt würde.

Wir bitten demnach, in Unterstützung namentlich der bezüglichen Eingabe des Vereins deutscher Jute-Industrieller und des Vereins deutscher Portland-Zementfabriken, Euer Exzellenz gehorsamst, in erster Linie den anfangs aufgeführten Beschluß der ständigen Tarifkommission nicht definitiv in Kraft treten zu lassen, oder falls dieser weitergehende Wunsch nicht erfüllt werden kann, bei der Ausführung des Beschlusses der Tarifkommission dahin wirken zu wollen, daß nasse Jutesäcke von der Beförderung durch die Eisenbahn unbedingt ausgeschlossen werden.

3.

Eingabe 1. An den Herrn Staatssekretär des Innern,
2. An den Herrn Staatssekretär des Reichsschatzamts,
3. An den Herrn Staatssekretär des Auswärtigen Amts, und
4. An den Preußischen Herrn Minister für Handel und Gewerbe,
betreffend die Verzollung von Karborundum.

Berlin, den 15. Februar 1906.

In Position 316 des Zolltarifs vom 25. Dezember 1902 ist Siliciumcarbid (Karborund) mit einem Zollsatz von 4 M. belegt worden.

Wir sind nun aus den Kreisen der Interessenten darauf aufmerksam gemacht worden, daß es zwei ihrer Verwendung nach durchaus verschiedene Arten von Siliciumcarbid gibt; die eine Sorte, welche als Schleifmittel an Stelle von Schmirgel benutzt wird, und die wie Schmirgel zur Herstellung von Schleifscheiben und dergleichen Verwendung findet, und eine zweite Sorte, welche an Stelle des Ferro-Siliciums zur Stahlbereitung dient. Diese zweite Sorte stellt ein Abfallprodukt dar, das sich bei der Erzeugung von Schleifkarborundum ergibt. Sein geringerer Wert gegenüber dem Schleifkarborundum wird namentlich auch dadurch begründet, daß eine weitere Verarbeitung dieses Karborundums nach der Zerkleinerung nicht mehr stattfindet, während das Schleifkarborundum einer sehr sorgfältigen Siebung und teilweise auch einer Schlemmung unterworfen wird. Eine Verwechselung der beiden Arten soll, wenigstens für den Sachkenner und das geübte Auge, nicht möglich sein. In Deutschland bestehen z. Zt. keine Karborundumfabriken. Allerdings beabsichtigt, wie uns mitgeteilt worden ist, eine chemische Fabrik, die bisher Karborundum in der Schweiz herstellte, jetzt ihren Betrieb nach Deutschland zu verlegen, um hier unter dem Zollschutz Karborundum herzustellen.

Der Verein der Schmirgelfabriken, den wir, wegen der Konkurrenz des Karborundums zu dem Schmirgel, über seine Stellung zur Sache befragt haben, hat uns erklärt, daß er sich für die Zollfreiheit beider Sorten von Karborundum ausspreche. Dies würde nun aber mit Rücksicht auf die in Aussicht genommene Begründung einer Karborundumfabrik, gerade unter dem Zollschutz, Bedenken haben. Dagegen scheint doch bei Aufstellung des Zolltarifs darauf nicht Rücksicht genommen zu sein, daß auch das Abfallprodukt „Karborundum zur Stahlbereitung“ unter denselben Zollsatz wie das fertige Produkt gebracht worden ist.

Wenn das Interesse der Eisenindustrie an der Verwendung des Karborundums heute auch noch nicht sehr erheblich ist, so besteht es immerhin, und für gewisse technische Prozesse ist die Verwendung dieses Materials zweckmäßig und von Wert.

Wir wollten deshalb nicht verfehlen, Euer Exzellenz, ohne einen bestimmten Antrag hieran zu knüpfen, von dem Wunsche der Interessenten auf Befreiung oder Herabsetzung des Zolles für dies Abfallkarborundum Kenntnis zu geben, und ehrerbietigst anheimzustellen, ob es zweckmäßig erscheint, bei sich bietender Gelegenheit eine Differenzierung der beiden Arten des Karborundums in der Zollbehandlung herbeizuführen.

4.

Eingabe an den Reichstag, Berlin.

Betrifft: Die Novelle zum Gesetz betreffend den Unterstützungswohnsitz.

Berlin, den 7. März 1906.

I. In der von den Verbündeten Regierungen dem Reichstage vorgelegten Novelle zum Gesetz über den Unterstützungswohnsitz ist in Aussicht genommen, den Zeitpunkt, von dem ab ein Unterstützungswohnsitz selbständig erworben und verloren werden kann, von der Vollendung des 18. auf die Vollendung des 16. Lebensjahres herabzusetzen. Die Verbündeten Regierungen, die sich im Jahre 1894 noch lebhaft gegen einen damals aus der Mitte des Reichstages gestellten gleichartigen Antrag ausgesprochen haben, sind nunmehr zu der Ueberzeugung gekommen, daß die wirtschaftlichen Verhältnisse im Reiche eine Herabsetzung dieses Alters als erforderlich erscheinen lassen. Die unterzeichneten industriellen Korporationen sind einmütig der Auffassung, daß gegen diesen Vorschlag der Verbündeten Regierungen wesentliche Bedenken bestehen und daß es namentlich auch im Interesse der deutschen Arbeiterschaft unrichtig sein würde, diesem Vorschlage der Verbündeten Regierungen zu entsprechen.

Es kann nicht zugegeben werden, daß die Zerrüttung des Familienlebens im Deutschen Reiche, insbesondere in der landwirtschaftlichen und industriellen Arbeiterschaft derart ist, daß ein 16jähriger Jüngling bereits als eine selbständige wirtschaftliche Persönlichkeit zu betrachten sei. In sehr zahlreichen Fällen, es sei nur an die Lehrlinge im Handwerk erinnert, wird der 16jährige junge Mann sich noch im Vorbereitungsdienste befinden, aber auch in denjenigen Fällen, in denen er selbständig arbeitet, ist es doch heute noch als die Regel zu betrachten, daß der 16jährige sich im Hause und Brot seiner Eltern oder Angehörigen befindet. Jedenfalls liegt unseres Erachtens keinerlei Veranlassung vor, von Gesetzeswegen Bestimmungen zu treffen, die auf eine weitere Lockerung der Familienbande hinwirken könnten. Aus diesen Gründen bitten die unterzeichneten industriellen Korporationen den Hohen Reichstag, die Herabsetzung des Alters, von dem ab ein Unterstützungswohnsitz selbständig erworben und verloren werden kann, von 18 auf 16 Jahre nicht genehmigen zu wollen.

II. Mit den Vorschlägen der Verbündeten Regierungen, die Wartezeit für den Erwerb und den Verlust eines Unterstützungswohnsitzes von zwei auf 1 Jahr herabzusetzen, erklären sich die unterzeichneten industriellen Korporationen einverstanden. Trotzdem durch diese gesetzliche Aenderung wiederum eine Mehrbelastung der Industrie oder doch derjenigen Gemeinden, in denen die industriellen Betriebe hauptsächlich die Kommunallasten zu tragen haben, herbeigeführt wird, wollen wir gegen diesen Vorschlag keinerlei Einwendung erheben, da anerkannt werden muß, daß durch den bisherigen Zustand eine zu starke Belastung der landwirtschaftlichen Gegenden Deutschlands gegenüber den Zuwanderungsgebieten herbeigeführt würde.

III. Dagegen bitten wir dringend, von einer Aenderung und Erweiterung des jetzigen § 29 des Unterstützungswohnsitzgesetzes nach dem Vorschlage der Verbündeten Regierungen absehen zu wollen, insoweit es sich nicht um die Ausdehnung der Verpflichtung des Arbeitsortes von 13 auf 26 Wochen handelt. Diese Ausdehnung erkennen wir als eine notwendige Folge der entsprechenden Aenderungen im Krankenversicherungs- und Invalidenversicherungsgesetz an, dagegen glauben wir, daß durch die Ausdehnung der Verpflichtung des Arbeitsortes auf alle Fälle der Unterstützungsbedürftigkeit des Arbeiters und seiner Angehörigen eine ungerechtfertigte Verschiebung der Armenlast eintritt. Es kann nicht zugegeben werden, daß in denjenigen Fällen, in denen der Wohnort des Arbeiters von seinem Arbeitsorte verschieden ist, der Arbeitsort in so wesentlichem Maße, wie jetzt beabsichtigt wird, zu Gunsten des Wohnortes gerechterweise herangezogen werden darf. Wenn der Arbeiter auch seine Arbeitskraft an dem Arbeitsorte zur Verfügung stellt, so wird er doch den erhaltenen Lohn zum wesentlichen Teile an dem Wohnorte verwenden. Hier hat er seine Wohnung, hier zahlt er seine Steuern und hier wird er jedenfalls die laufenden Bedürfnisse seines Haushaltes in erster Linie decken. Unter diesen Umständen würde in zahlreichen Fällen die Heranziehung des Arbeitsortes sich zu einem schweren Unrecht gegen diesen Ort ausgestalten, zumal die Frist von einer Woche, nach deren Ablauf bereits die Verpflichtungen des Arbeitsortes eintreten sollen, so kurz ist, daß von irgend welchen wirtschaftlichen oder sittlichen Beziehungen des Arbeitsortes zu dem Unterstützungspflichtigen nicht wohl gesprochen werden kann. Irgend welche Beziehungen zwischen der Familie des Arbeiters und seinem Arbeitsorte bestehen überhaupt nicht und doch soll der Arbeitsort auch in allen denjenigen Fällen seine Unterstützung gewähren, in denen die Bedürftigkeit des Arbeiters lediglich durch dessen Familienangehörige herbeigeführt wird.

Den Reichstag bitten wir daher, auch diese Abänderungsvorschläge der Verbündeten Regierungen ablehnen zu wollen.

Diese Eingabe ist auch von den mit uns in Interessengemeinschaft stehenden Organisationen, der Centralstelle für Vorbereitung von Handelsverträgen und dem Bunde der Industriellen, unterstützt worden.

5.

Eingabe an den Reichstag, Berlin, betreffend den Entwurf eines Gesetzes über die Hilfskassen.

Berlin, den 19. März 1906.

Schon seit langem beklagen weite Kreise der deutschen Industriellen die Mißbräuche, zu denen das Gesetz über die eingeschriebenen Hilfskassen Anlaß gegeben hat. Weder den zahlreichen „Schwindelkassen" noch dem Mißbrauch der Kasseneinrichtungen zur Stärkung der sozialdemokratischen Parteiorganisation, wie er namentlich in früheren Jahren vielfach festgestellt worden ist (in neuerer Zeit haben sich die Ortskrankenkassen noch als geeignetere Organe für diese Zwecke erwiesen), hat die lediglich formale Staatsaufsicht mit Erfolg entgegenzutreten vermocht.

Die verbündeten industriellen Organisationen — der Centralverband Deutscher Industrieller, die Centralstelle für Vorbereitung von Handelsverträgen und der Bund der Industriellen — begrüßen daher die Vorlage des Gesetzentwurfs über die Hilfskassen, der wohlgeeignet ist, diese Mißbräuche zu beseitigen, mit hoher Befriedigung. Wir halten es für dringend erwünscht, daß der staatlichen Aufsicht über ihre bisherigen lediglich formalen Befugnisse hinaus das Recht einer materiellen Einwirkung auf die Geschäftsgebahrung der Hilfskassen gegeben wird, und wir erkennen auch an, daß die von den Verbündeten Regierungen vorschlagene Art der Neuordnung, die Hilfskassen als Versicherunsvereine auf Gegenseitigkeit anzusehen und damit der Aufsicht des Aufsichtsamts für Privatversicherung zu unterstellen, durchaus zweckmäßig erscheint. Freilich muß unseres Erachtens Vorsorge getroffen werden, daß bei solcher Regelung nicht berechtigte Interessen verletzt werden. Es gibt zweifellos eine Anzahl gut und solide geleiteter Hilfskassen, deren Fortbestehen für gewisse Bevölkerungskreise notwendig erscheint und denen durch formalistische Anwendung der Normen, die für Versicherungsunternehmungen bestimmt sind, große und ungerechtfertigte Schwierigkeiten entstehen könnten.

Wir dürfen erwarten, daß nach diesen Richtungen beruhigende Zusicherungen der Reichsregierung abgegeben werden. Es wäre hart, Hilfskassen zu Gunsten kleiner Gewerbetreibender, Heimarbeiter, technischer Angestellter und anderer Bevölkerungskreise, die der Vorteile der reichsgesetzlichen Krankenversicherungen entbehren, wesentliche Hemmnisse für ihren Fortbestand zu bereiten; es muß vielmehr als sicher erhofft werden, daß bei der Ueberführung dieser Hilfskassen in die neuen Verhältnisse, unbeschadet aller Fürsorge für die materielle Sicherstellung der Leistungen, welche die Kasse in Aussicht stellt, jede zulässige Erleichterung gestattet werde.

Die Hilfskassen zerfallen auch nach den neuen Vorschriften in Zuschußkassen und in solche, die an Stelle der reichsgesetzlichen Krankenkassen treten, deren Mitglieder daher von der Verpflichtung einer nach Maßgabe des Krankenversicherungsgesetzes errichteten Krankenkasse oder der Gemeindekrankenversicherung anzugehören, befreit sind. Für diese bevorrechtigten Kassen halten wir die Vorschrift des § 3 Absatz 2 Ziffer 1 Satz 1 für bedenklich und für geeignet, politischen Mißbräuchen Tor und Tür zu öffnen.

In dem Gesetze vom 7. April 1876 war die gleiche Bestimmung wohl berechtigt, und wir stehen nicht an, sie auch jetzt noch für alle diejenigen Hilfskassen, die lediglich freiwillige Zusammenschließungen ihrer Mitglieder darstellen, als berechtigt anzuerkennen; anders ist unseres Erachtens aber die Sachlage bei Hilfskassen, denen durch die Erteilung der Bescheinigung nach § 75a des Krankenversicherungsgesetzes eine öffentlich rechtliche Stellung zugewiesen wird.

Wir halten weder für zulässig, daß derartige Hilfskassen etwa für die Mitglieder eines sozialdemokratischen Wahlvereins errichtet werden, noch könnten wir es andererseits billigen, wenn, was für kleinere Orte durchaus nicht unwahrscheinlich ist, durch die Bildung einer solchen Hilfskasse ein indirekter Beitrittszwang zu dem damit in Verbindung stehenden Verein ausgeübt würde, da die Außenstehenden wegen ihrer geringen Zahl sonst nur in der minderwertigen Gemeindekrankenversicherung unterkämen, weil in der Gemeinde nicht genügend Versicherungspflichtige für die Bildung einer Ortskrankenkasse vorhanden sind. Uns scheint es daher richtig, für diejenigen Hilfskassen, die an die Stelle der reichsgesetzlichen Krankenkassen des Krankenversicherungsgesetzes zu treten befugt sind, zu bestimmen, daß sie den Beitritt lediglich von der Zugehörigkeit zu dem Kassenbezirk oder dem Beruf, für den die Kasse errichtet ist, nicht aber auch von der Beteiligung an bestimmten Gesellschaften oder Vereinen abhängig machen dürfen.

Aus diesen Erwägungen haben die verbündeten industriellen Korporationen den nachfolgenden Beschluß gefaßt:

„Der Centralverband Deutscher Industrieller, die Centralstelle für Vorbereitung von Handelsverträgen und der Bund der Industriellen halten übereinstimmend die Aufhebung des Gesetzes vom 7. 4. 1876, betreffend die eingeschriebenen Hilfskassen und die Unterstellung der eingeschriebenen Hilfskassen unter das Gesetz über die privaten Versicherungsunternehmungen für angezeigt.

Sie sind davon überzeugt, daß das Aufsichtsamt für Privatversicherung die ihm zugewiesenen Befugnisse nur in der Richtung ausüben wird, daß für die auf gesunder Basis errichteten Kassen die Möglichkeit des Ueberganges in die neuen Verhältnisse unschwer gefunden wird, und daß den Hilfskassen zu Gunsten derjenigen Bevölkerungskreise, die durch die reichsgesetzliche Krankenversicherung nicht erfaßt werden, auch fernerhin genügende Bewegungsfreiheit gewährt wird. Andererseits halten sie die Bestimmung des § 3 Absatz 2 Ziffer 1 des Gesetzentwurfes für nicht ausreichend und beantragen unter Streichung des ersten Satzes folgende Bestimmung einzufügen:

„Der Beitritt zu den Kassen darf nur von der örtlichen, beziehungsweise beruflichen Zugehörigkeit abhängig gemacht werden."

Wir bitten den Hohen Reichstag, unter Berücksichtigung dieser unserer Auffassungen, den Gesetzentwurf der Verbündeten Regierungen über die Hilfskassen — Nr. 29 der Reichstagsdrucksachen — annehmen zu wollen.

Diese Eingabe ist auch von den mit uns in Interessengemeinschaft stehenden Organisationen, der Centralstelle für Vorbereitung von Handelsverträgen und dem Bunde der Industriellen, unterstützt worden.

6.

Eingabe an den Preußischen Herrn Minister für Handel und Gewerbe, Berlin, betreffend die Rückvergütung des Einfuhrzolles bei Wiederausfuhr der als Umschließung verdichteter Gase eingegangenen entleerten Stahlflaschen.

Berlin, 30. März 1906.

Die von uns angestellten Ermittelungen innerhalb der Eisenindustrie sowohl wie innerhalb der chemischen Industrie haben ganz übereinstimmend ergeben, daß sich beide Teile gegen die in Vorschlag gebrachte Rückvergütung des Einfuhrzolles bei der Wiederausfuhr entleerter Stahlflaschen ausgesprochen haben. Die deutsche Fabrikation verdichteter Gase ist so ausgedehnt und leistungsfähig, daß ein Bedürfnis nach der Einfuhr ausländischer verdichteter Gase im allgemeinen überhaupt nicht bestehen dürfte; und ebenso ist auch die deutsche Stahlflaschenproduktion imstande und bereit, den gesamten Bedarf Deutschlands zu durchaus angemessenem Preise zu decken. Der Auffassung, daß die Wiederausfuhr der nach Deutschland eingeführten Stahlflaschen auch im Interesse der deutschen Fabrikanten liege, kann bei der Eigenartigkeit der Verwendung dieser Flaschen nicht beigestimmt werden. Die gefüllten Flaschen werden am Verwendungsorte fast immer nur in dem Maße geleert, wie der Verbrauch der Gase vor sich geht, sie werden nach ihrer Entleerung zur Füllstätte zurückgesandt und kehren dann gefüllt nach dem Verwendungsorte wieder zurück. Ebenso gestaltet sich die Verwendung von Stahlflaschen, die im Inlande hergestellt werden. Dazu kommt das weitere Moment, daß die von Deutschland aus exportierten Stahlflaschen, die mit verdichteten Gasen gefüllt sind, bei ihrem Eingang in das ausländische Verwendungsgebiet meist recht hohe Zölle auch auf die Stahlflaschen zu tragen haben, ohne daß eine Rückvergütung stattfindet.

Aus der chemischen Industrie ist endlich noch darauf hingewiesen worden, daß der Zoll der Position 379 des Zolltarifs doch nicht nur den Stahlflaschen, sondern auch den verdichteten Gasen zugute kommen sollte. Es ergebe sich dies auch aus der Begründung des Tarifs, die als Motiv für die Verzollung zwar in erster Linie den Schutz der Stahlflaschen geltend macht, gleichzeitig aber ausdrücklich bemerkt, man habe von einer unterschiedlichen Zollbehandlung der verschiedenen Gase (Kohlensäure, Chlor) nur deshalb abgesehen, weil eine solche bei der Zollabfertigung die unausführbare Oeffnung der Flaschen erfordern würde. Euer Exzellenz bitten wir unter diesen Umständen von einer Rückerstattung des Zolles bei Wiederausfuhr von Stahlflaschen, die als Behälter verdichteter Gase nach Deutschland eingeführt worden sind, geneigtest absehen zu wollen.

7.

Eingabe an den Preußischen Herrn Minister für öffentliche Arbeiten, betreffend Aufhebung der sogenannten Anschlußfracht, die von den Inhabern von Privatanschlüssen erhoben wird.

Berlin, den 21. Juni 1906.

Euer Exzellenz

beehrt sich das gehorsamst unterzeichnete Direktorium des Centralverbandes Deutscher Industrieller das Gesuch um die Aufhebung der sogenannten Anschlußfracht (Ueberführungsgebühr, Anrückegebühr), welche die Inhaber von Privatanschlüssen zu entrichten haben, sowie den Antrag auf Herabsetzung der Abfertigungsgebühren für alle Massengüter, die auf Gleisanlagen der Abnehmer oder Empfänger verladen oder entladen werden, zur hochgeneigten Berücksichtigung zu unterbreiten.

Auf Grund der geltenden „Allgemeinen Bedingungen über die Zulassung von Privatanschlüssen" im Bereich des Königreichs Preußen und des Großherzogtums Hessen-Darmstadt wird von den Inhabern von Anschlußgleisen eine Anschlußfracht von 50 Pf. für jeden beförderten Wagen erhoben, wenn die Entfernung von der Mitte des Stationsgebäudes der Anschlußstation beziehungsweise bei großen Bahnhöfen von einem bestimmten Punkt des Güterbahnhofes bis zur Mitte der Uebergabegleise (Uebergabestelle der von der Eisenbahnverwaltung angebrachten und abzuholenden Wagen) nicht mehr als 1 km beträgt, erhoben. Bei größeren Entfernungen erhöht sich diese Anschlußfracht um 20 Pf. für jeden weiteren Kilometer.

Dagegen werden solchen Interessenten, welche Güter zu verladen oder zu entladen haben, und die keine Anschlußgleise besitzen, die Eisenbahnwagen von der Königlichen Eisenbahnverwaltung auf die Freiladegleise umsonst gestellt.

In § 19 Ziffer 6 der geltenden allgemeinen Bedingungen für die Zulassung von Privatanschlüssen ist allerdings die Bestimmung enthalten:

„Besondere Anschlußfrachten kommen dann nicht zur Erhebung, wenn die Tarife die Bestimmung enthalten, daß in dem betreffenden Verkehr, außer den veröffentlichten Frachtsätzen, Zechen- oder Anschlußgebühren nicht erhoben werden."

Wir bitten um die Verallgemeinerung dieser Bestimmung, so daß für die Beförderung der Wagen zwischen der Station einerseits und der Uebergabestelle (Uebergabegleise) andererseits irgend eine Gebühr nicht erhoben wird. Die Ausgaben für die bestehenden Anschlußfrachtsätze werden um so drückender empfunden, je weiter der Eisenbahnverkehr wächst.

Der Verkehr auf den heimischen Eisenbahnen hat in den letzten Jahrzehnten und namentlich in den letzten Jahren so große Dimensionen angenommen, wie sie von der Eisenbahnverwaltung selbst nicht vorhergesehen worden waren. Dieser kolossale Verkehr hat auch den Inhabern von Privatanschlüssen große Lasten auferlegt; es sind ihnen im Laufe der letzten Jahre sogar Arbeitsleistungen überwiesen, die ursprünglich von dem Bahnpersonal auf dem Bahnkörper der Bahnhöfe vorgenommen worden sind. Durch das von der Eisenbahnverwaltung ausbedungene Mitbenutzungsrecht aller Privatanschlüsse ist es infolge der Errichtung der letzteren der Königlichen Eisenbahnverwaltung zum Teil in recht bedeutendem Umfange erspart worden, die Gleisanlagen auf den Bahnhöfen, trotz des enorm gestiegenen Güterverkehrs, auf eigene Kosten vergrößern zu müssen. Wir verweisen nur auf die vielen Stationen in Rheinland und Westfalen, im Ruhrrevier, ferner im Saarrevier u. s. w.

Die Anschlußinhaber haben die von ihnen beladenen Wagen mit der Bestimmungsstation zu bezeichnen, die Nummern der Wagen in die Frachtbriefe einzutragen u. s. w. und somit Arbeitsleistungen zu verrichten, für welche die sogenannten Abfertigungsgebühren von der Eisenbahnverwaltung erhoben werden. Bekanntlich werden die Abfertigungsgebühren nicht nur für den sogenannten Abfertigungsdienst, sondern auch für das Rangieren, für die Benutzung und Abnutzung, die Unterhaltung der Bahnhofsgleise und der Bahnhofsanlagen, Güterböden u. s. w. erhoben.

Die Inhaber der Privatanschlüsse haben ferner das Rangieren der von ihnen beladenen Wagen zu besorgen. Dadurch spart die Eisenbahnverwaltung nicht allein an Personal, sondern es findet auch keine Abnutzung der zum Beladen und Rangieren bestimmten Gleise und Weichen statt. Außerdem braucht die Eisenbahnverwaltung die Rangiergleise der einzelnen Stationen, in welche die Privatanschlüsse münden, trotz des gestiegenen und weiter wachsenden Güterverkehrs pro tanto nicht zu vergrößern.

Die Ansprüche der Eisenbahnverwaltung an die Inhaber von Privatanschlüssen hinsichtlich des Rangierens sind erheblich größer geworden, seitdem der sogenannte Wagenmangel vorgekommen ist. So wird z. B. von den Kohlenzechen verlangt, daß bei dem Beladen der

Wagen das Rangieren auf den Zechenbahnhöfen derart erfolgen solle, daß volle Züge für dieselbe Richtung zusammengestellt, also auf der Grube bereits Sonderzüge gebildet werden, die unmittelbar vom Zechenbahnhofe dem Bestimmungsort zugeführt werden können.

Ganz besonders drückend werden die heutigen Abfertigungsgebühren für die Inhaber von Privatanschlüssen durch die Erhöhung des Ladegewichts, z. B. der Kohlenwagen von 15 auf 20 Tonnen. Auf diese Weise würden die für einen 10 Tonnen-Wagen geltenden Abfertigungsgebühren verdoppelt werden.

Wenn auch bisher, soweit bekannt, erst einige tausend 20 Tonnen-Kohlenwagen eingestellt worden sind, so hat sich doch die Staatseisenbahnverwalung für die allgemeine Einführung der 20 Tonnen-Wagen ausgesprochen. Daher müßte die Frage in ernste Erwägung gezogen werden, in welchem Verhältnis gegenüber der Verdoppelung der Abfertigungsgebühren von 3—6 M. für einen 10 Tonnen-Wagen, auf 6—12 M. für einen 20 Tonnen-Wagen die Selbstkosten der Abfertigung zunehmen. Bei einer genauen Untersuchung dieser Frage wird sich unzweifelhaft herausstellen, daß die Zunahme der Selbstkosten viel zu gering ist, um eine Verdoppelung der heute geltenden Abfertigungsgebühren zu rechtfertigen.

Wir bemerken ferner, daß z. B. die Eisenbahnverwaltungen in Frankreich bei der Beladung von 20 Tonnen-Wagen eine Ermäßigung der Abfertigungsgebühren zubilligen. Die französische Nordbahn z. B. gewährt für die Beladung von 20 Tonnen-Wagen einen Rabatt von 10 pCt. plus 40 Centimes für eine Tonne an Abfertigungs- und Zustellungskosten, sofern mindestens 100 Tonnen unter voller Ausnutzung der Ladefähigkeit zum Versand kommen. Der Rabatt erhöht sich auf 15 pCt. bei analoger Ermäßigung der Bahnhofskosten, wenn ein Versand von mindestens 200 Tonnen stattfindet.

Aus allen diesen Gründen erscheint es gerechtfertigt, daß nicht allein die Anschlußfracht aufgehoben, sondern auch die geltenden Abfertigungsgebühren für Massengüter, welche auf Anschlußgleisen entladen oder beladen werden, ermäßigt werden.

Durch die Herabsetzung der Abfertigungsgebühren und Beseitigung der Anschlußfracht können verschiedene Massengüter, z. B. inländische Kohlen, auf weitere Strecken als bisher versandt werden und dadurch der Verbrauch derselben gesteigert werden. Ferner würden solche Maßnahmen zur Verbilligung der Massengüter und somit zur Steigerung des Verbrauchs und der Produktion derselben führen; infolge der Zunahme der letzteren würde sich auch der Verkehr auf den Eisenbahnen weiter heben; dadurch würde der zunächst zu erwartende Ausfall durch größere Einnahmen demnächst nicht nur ausgeglichen werden, sondern noch einen Ueberschuß liefern.

Mit Rücksicht auf den immer schwieriger werdenden Wettbewerb für die deutsche Industrie auf dem Weltmarkt ist die von uns beantragte Verbilligung der Transportkosten auf den Eisenbahnen dringend wünschenswert.

Druck: Deutscher Verlag (Ges. m. b. H.), Berlin SW 11.

FSC
www.fsc.org
MIX
Papier | Fördert
gute Waldnutzung
FSC® C083411

Kolibri 360 GmbH
Ferdinand-Jühlke-Straße 7
99095 Erfurt, Deutschland
produktsicherheit@kolibri360.de